돌봄의 온도

엄마 간병의 동반자인 동생 이동원에게 『돌봄의 온도』를 바칩니다. 그리고 예전에 엄마에게서 받았던 무한한 애정을 잊지 않고 기억하고 있는 모든 사람들에게도.

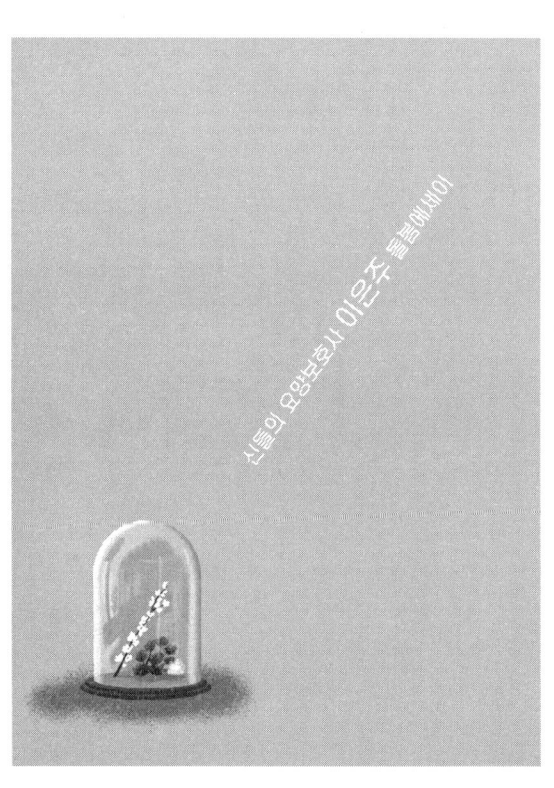

신들린 요양보호사 이은주 돌봄에세이

엄마를 직접 돌보는 요양보호사의 지혜
지속가능한 가족돌봄의 회복탄력성

돌봄의 온도

H29에르츠나인

"나 배 안 고파…."

그러다가도 멀쩡히 일어나 앉아 방금 한 말을 부정하려는 듯 국그릇을 비우는 낯선 엄마 곁 딸의 마음은,

이 시기가 지나면 그리워지겠지? 몹시 그리워질 거야. 후회가 될까?

밤의 네온 간판처럼
꺼졌다 켜졌다,
화났다 서글퍼졌다,
미안해졌다 그리워졌다 한다.

나는 이제 낯선 여성과 사귀어야 한다.

들어가며。

　나는 오랫동안 가족을 돌봤다. 아픈 남동생의 아이들과 아픈 엄마를 돌보느라 바빴다. 자신을 돌보고, 가족을 돌보고, 마침내 타인을 돌보는 과정을 기록함으로써 삶의 고비를 넘길 수 있었다.

　『동경 인연』과 『오래 울었으니까 힘들 거야』 그리고 『나는 신들의 요양보호사입니다』는 그렇게 태어났다. 돌봄의 과정을 정리한 돌봄 3부작을 끝으로 나는 돌봄에 대해서는 충분히 썼다고 생각했다. 그런데 그 이후 나의 삶은 변했다. 특히 『나는 신들의 요양보호사입니다』를 통해 다양한 경험을 할 수 있었다.

　집과 일터를 오가는 것 외에는 장거리 여행은 꿈도 못 꾸었던 나에게 왕복 기차표와 함께 강의 의뢰가 들어왔다. 덕분에 수원도 가고, 지리산도 가고, 대전도 갈 수 있었다. 가족돌봄으로 상실의 아픔을 가진 분도 만났고, 시민운동으로 복지의 질을 높이려 노력하는 운동가도 만났으며, 요양보호사라는 직업을 아끼고 사랑하며 성실하게 하루하루를 살아가는 분들도 만났다.

대전 강의가 끝나갈 무렵 나를 포함해서 강의를 듣는 분들 대부분의 눈이 촉촉해져 있었다. 수강을 마치고 저녁을 지으러 집으로 돌아가기 위해 분주한 선생님들 가운데 한 분이 가까이 다가와서 얼마 전에 하늘나라에 가신 어머니 간병에 대해서 이야기했다. 어머니와 이별한 아쉬움과 그리움이 해 질 무렵 강의실 안에 가득 찼다.

돌아오는 KTX 안에서 나는 '돌보는 사람들과 돌봄 받는 사람들'에 대해서 쓰고 싶어졌다. 멀어져 버린 부부, 멀어져 버린 부모 자식, 멀어져 버린 친구에게 보내는 편지라고 생각하고 써야겠다는 생각이 들었다. 왜냐하면 살다 보면 생활에 치여서 관계에 균열이 생기는데 죽음이라는 문턱에 서면 그것이 다 쓸데없는 다툼 같구나 하는 생각을 했기 때문이다.

보고 싶어도 더는 볼 수 없는 시간의 유한함 속에 우리는 살고 있다. 자신을 돌보고, 가족을 돌보고, 주변 사람들을 돌보는 일에 지친 사람들과의 연대를 도모할 필요도 느꼈다.

다른 사람들은 모두 집으로 가기 바쁜데 어머니를 잃은 자식만은 내 이야기 들어보라고, 그렇게 열심히 돌보았는데도 하늘나라에 가서서 보고 싶어도 볼 수 없다며 마음 아픈 이야기를 울면서 들려주었다. 그의 나이 정년은 넘어 보였다. 애도는 충분히 해야 한다.

○　　○　　○

『돌봄의 온도』는 치매 단계에 들어선 엄마를 돌보며 점점 고립되어 가는 나와 엄마에 대한 기록으로 시작되었다.

치매에 걸린 엄마에 대해서 쓰는 것은 나에게는 물론 엄마에게도 숨기고 싶은 아주 사적인 부분이어서 매우 조심스러운 일이었다. 그런데도 이 책을 내게 된 것은 더 나은 돌봄을 추구하고자 하는 마음에서이며, 독자들과 돌봄 경험을 공유하면서 아직 돌봄에 개입하지 않은 세대에게 돌봄의 스펙트럼을 보여주고 싶어서였다.

더불어 이 기록은 부모돌봄이 갖는 문제점과 연대의식의 중요성을 깨달아 가는 과정이었고, 가족돌봄에 대해 많은 문제의식을 직면하는 기회였다. 직접 당면한 일이 아니기에 피상적으로 받아들이는 문제들이 사실은 주의 깊게 살펴야 할 과제라는 점을 알게 되었다. 정책과 제도, 사회적 인식의 문제도 그렇고, 개개인이 정서적으로 문화적으로, 그리고 경제적으로 고민해야 할 지점들도 많았다.

　우리 사회는 부모돌봄의 어려움에 대해 침묵하고 있으며, 부모돌봄을 사적 영역으로만 인식하고 방치하고 있는 것이 현실이다.

　부모돌봄으로 인해 경력단절이 생기거나 독신인 자식이 부모돌봄을 홀로 떠안게 되는 경우가 많은데, 이 과정에서 우리 모두 자유로울 수 없다. 부모돌봄을 더 이상 개인의 노력이나 헌신에만 의존하는 것이 아니라 우리 모두의 돌봄으로 받아들여야 할 필요성을 느낀다. 또한 부모돌봄으로 인해 일상생활을 정상적으로 할 수 없게 되었다고 해서 부끄러워하지 않아도 될 사회적 분위기도 필요하다.

노화 과정에서의 불안으로 정서적 지지가 가장 필요한 노인이 적절한 대처방법을 알지 못해 오히려 가족과 불화하는 경우도 많다. 직장으로 자주 전화해서 같은 말을 반복할 때, 이를 부모의 이상신호로 여기기는 쉽지 않다. 아니 이상하다고만 생각했지 일손을 놓고 바로 대응할 수도 없다. 지나고 보면 그때가 부모돌봄의 골든타임이었을 수도 있다.

평생 책임감으로 가정을 돌보았던 부모와 돌봄을 받았던 자식의 역할이 바뀌는 시점. 인생의 중요한 분기점이 되는 그 순간은 그 방향과 크기를 알지도 못한 채 순식간에 일상이 되어 버린다.

돌봄의 온도에 대해, 그 따뜻함에 대해 좀 더 마음을 열어 본다. 돌보는 사람의 마음가짐은 어떠해야 하는지 늘 고심해야 하며 돌봄을 받는 사람이 무엇을 원하는지도 세심하게 살펴야 한다. 또한 돌봄을 직접 경험하고 깊이 생각하여 그 궁극적인 정의는 상호 돌봄이라는 것에 동의해야 한다.

부모돌봄이라는 것은 당사자 한 명에게뿐만 아니라, 돌봄을 받는 사람과 돌보는 사람 주변의 가족들에게도 책임과 의무가 공존하는 것이다. 힘들면 요양원에 모시자는 제안도 하나의 방법이 되겠으나 그래도 부모를 돌보는 형제에게는 그런 말보다는 "뭐가 먹고 싶어? 내가 하루 모실 테니 어디 가서 쉬었다 와. 내가 모시고 가서 하루 자고 올게.", "이번 달 돈이 부족하지는 않니?", "주말 이틀은 우리 가족이 함께할게", "정기검진은 내가 모시고 갈게" 하고 구체적으로 제안하는 것이 좋다.

막연한 말보다는 구체적으로 물어보고 제안해야 하며, 그 의무와 부담을 나누는 일이 자연스러워야 한다. 매달 일정 비용을 분담하고 있으니까 나는 의무를 다했어라고 생각하며 무심하지 말아야 한다.

아픈 부모와 부모를 돌보는 형제에게, 또 간병인이나 요양보호사에게 돌봄의 온도를 유지하는 힘은 서로에게 진심이 담긴 마음이다.

돌봄에도 중독성이 있다. 그러기에 지금 누군가를 돌보고 있다면 오늘 자신을 꼭 안아주라고 말하고 싶다. 당신은 지나치게 애쓰고 있다고도 스스로를 다독여 보자.

돌봄을 지옥으로 만들지 않으려면 몸도 마음도 모두 쉬어가야 한다. 나 아니면 안 되는 부분이 있다. 그래도 나 아니어도 될 때를 만들어 쉬어야 한다. 그래야 좋은 돌봄을 이어가며 돌봄의 온도를 유지할 수 있다.

그러니까 『치매니까 잘 부탁합니다』의 저자가 치매 전문의에게 들었던 말을 똑같이 전하고 싶다. '돌봄을 맡길 각오'를 하라고. 간병 전문가에게 맡길 수 있는 일은 맡기고 사랑과 관심을 주는 일을 게을리하지 말라고.

○   ○   ○

지난여름, 엄마와 나는 치열했다. 때때로 엄마와 나의 위치가 바뀌었다. 엄마는 소녀가 되어 졸랐고, 나는 엄마의 엄마가 되었다.

엄마는 걷지 못하다가, 기력을 되찾았다가, 더 나빠졌다가, 훌륭하게 극복했다가를 반복했다. 그러는 동안 나는 어떤 규칙이 있는지 밝히고자 했던 노력을 멈추었다. 그때그때 필요한 만큼의 에너지를 끌어내 쓰기로 했다.

2023년 따뜻한 돌봄의 봄에

이은주

차례。

들어가며	008
사랑이 가까이 있다	022
천국은 지금 다 함께	024
서로 돌보는 아이와 할머니	026
구두수선집에서 만난 소중한 것들	028
엄마의 전자담배	030
아서 클라이먼 되기	033
엄마 여생 설명서	036
나 좀 안아줄래?	038
엄마의 장기요양보험 신청	040
예쁜 치매는 없어요	043
엄마의 나박김치 키트	046
엄마, 그런 게 아니에요	048
엄마라는 우울에 대하여	050
애도는 엄마 살아계실 때부터 시작된다	052
명절에는 다 그래 엄마	054
엄마의 말을 모아서	057
엄마는 나의 직업을 사랑했다	059
간장의 맛	062
엄마의 틀니	064
엄마여서 그런 말은 어렵다	066
엄마 살기로 결심하다	068
딸의 마음은 밤의 네온처럼	070

폼나는 맥가이버식 돌봄 나눔의 현장	072
마지막 잎새의 심정	076
힘낼 때까지 힘내서 수저를 들고	080
무감각 슬픔은 자기돌봄 신호였다	082
10년 동안 빌려 쓴 그녀의 휴지	085
나머지 50년을 선하게, 동원 씨의 빅픽처	087
네 번의 알았어와 돌봄의 기술	091
나는 엄마의 요양보호사입니다	094
신들의 교실에 들어서다	097
지유의 분학, 문학의 치유	102
돌봄 받는 능력	106
사랑을 주세요	110
그 옷 나 줘	112
돌봄 민주화와 회복탄력성	116
당신 탓이 아닙니다	118
엄마에게 그렇게 해드릴 수 있잖아요	120
돌봄 제도의 혁신이 필요하다	124
서툰 돌봄이라도 이들처럼 사랑한다면	128
스텔라 님의 경험 속 발탈의 깨달음	132
부모돌봄이 긍지가 되는 사회	136
건조한 기록 속에 담긴 눈물의 흔적	138
나도 저런 사랑 한번 하고 싶다	140

엄마의 상태변화 기록지	142
나를 잘 돌봐야지	150
왜 같이 안 사세요?	153
왜 같이 안 사세요에 답하기 위해	156
돌봄의 매뉴얼화와 '돌봄의친구' 제도	162
삶을, 시간을, 붙잡는 마음	166
영 케어러를 위한 제언	168
죽은 자리엔 새 삶이 돋고	172
돌봄의 경쟁력 북돋우기	176
미안한 돌봄	179
이런 돌봄 동반자가 있었으면 좋겠다	182
CBS 유튜브 채널 씨리얼과의 인터뷰	184

일러두기

———

이 책에 등장하는 '뮤즈'와 '제우스'는 요양보호사 이은주가 피요양인 할머니와 할아버지를 일컫는 말입니다. 신들을 모시듯 정성을 다하겠다는 다짐의 표현으로 2019년 발간한 『나는 신들의 요양보호사입니다』에서 밝힌 바 있습니다.

이 책에 등장하는 이은주 가족은 4대에 걸쳐 있는데, 이은주의 어머니(할머니), 이은주와 남동생 동원 씨, 동원 씨의 아이들로 조카딸 소리(가명)와 막내조카 민이(가명), 소리가 낳은 정명이 등 여섯 명입니다. 정명이는 이은주를 고모라고 부르는데, 정확하게는 고모할머니입니다.

다 드신 후 끄윽 한다. 소화가 되는 소리에 안심. 벌써 세 번째 보는 〈겨울연가〉 앞에서 엄마는 이렇게 중얼거렸다.
"나도 저런 사랑 한번 하고 싶다."
나는 부엌에서 TV를 향한 채 앉아 있는 엄마를 본다.
엄마, 죽어도 죽지 않는 불멸의 사랑, 오직 하나뿐인 사랑, 그런 사랑이 받고 싶구나.

엄마의 현관문을 닫고 나오면서 외로움에 빠졌다. 나도 언젠가는 엄마처럼 하루 종일 방에 불도 켜지 않은 채 혼자 TV 드라마를 보고 또 보고 하겠지. 거품처럼 꺼져버린 시간 속에서 지난날 미루어두었던 버킷리스트가 누렇게 빛이 바래도록 그렇게 하루하루 살다가 인생 황혼을 맞이하겠지. 거울 앞에서 흰머리를 한 여자가 나를 바라보고 있을 때 나는 과연 무엇을 소원할까.

사랑이
가까이 있다

 매일 밤 정명이는 별과 달의 궁전이 뜨는 천체등을 켜고 잠자리에 든다. 이루마의 피아노곡도 틀어달라고 청한다. 나의 수면 습관에는 바람직하지 않은 조명과 소리다. 나는 조금 더 어두웠으면 좋겠고, 나는 사방이 고요했으면 좋겠으며 어서 쉬고만 싶다.

 정명이는 그동안 묻지 않았던 질문을 다시 한다.

 "고모도 나를 사랑해요?"

 "그럼, 널 사랑한단다. 그래서 오늘도 병원 갔다 오는 길에 태권도복 파는 유니폼 가게에 들러 손흥민 선수 티셔츠를 사 왔잖니?"

 "고모?"

 "응?"

 "고모도 할머니가 되면 요양원에 가는 거예요?"

 나는 잠시 뜸을 들이다가 대답한다.

 "그래."

"아휴, 그럼 전 돌볼 사람이 많네요. 할머니도 돌봐야 하고, 고모도 돌봐야 하고."

천장에 쏘아 올린 달과 별을 보며 마침내 내가 말한다.

"그러네. 정명이는 돌볼 사람이 많네."

아이의 숨소리가 사뭇 책임감이 들어가 있는 듯하다. 정명이 쪽으로 돌아누우며 아이의 등 언저리를 쓰다듬어 준다.

"아무 걱정하지 말고 어서 자. 내일 손흥민 선수 옷 입고 학교 간다며…."

아이는 감정이 충만한 한숨을 폭 내쉬며 애착 담요에 코를 박는다. 얼굴은 잘 안 보이지만 돌볼 사람이 많은 사람의 표정이 어찌 저리 평화롭고 달콤할 수가 있을까.

사랑이 가까이 있다.

천국은
지금 다 함께

엄마가 배추전을 드신 날 당신 집으로 가신 후 정명이는 언제나 자신의 편이 되어주던 할머니의 부재에 쓸쓸함을 느꼈다. 아홉 시. 잠잘 시간이 되어 방안의 불을 끄자 마침내 엉엉 울기 시작했다.

울음에는 할머니와 늦게까지 드라마를 보던 습관이 들어 잠들기 싫은 마음과 한편으로는 진정 할머니가 그리워 사무치는 마음이 뒤섞인 울음이었다.

"왜 우니?"

"할머니가 걱정돼서요. 할머니가 아파서 죽을까 봐 걱정이 돼요. 고모는 할머니가 죽을까 봐 걱정이 안 돼요?"

"고모도 걱정이 되지…. 금요일 학교 끝나고 할머니 댁에 가면 되지 않아? 그러니까 빨리 자야 아침이 오고 또 금요일이 오지."

다음 날 저녁을 먹으며 정명이가 묻는다.

"고모 천국이 있다고 했지요?"

"응."

"천국에는 동물병원 할아버지도 있고 엘리스도 있다고 했지요?"

"응."

"할머니도 죽으면…."

"어른은 돌아가시는 거라고 하는 거야."

"그럼 할머니도 돌아가시면 천국에 가지요?"

"그럼."

"그럼 우리 지금 다 같이 천국에 가는 게 어떨까요?"

켁. 밥을 먹던 내가 정명이를 보며 손을 허공에 대고 휘휘 젓는다.

"그건 아니지. 지금 살아있는데 왜 죽어야 해?"

정명이는 지난주 방과 후 할머니 집을 혼자서 찾아 나섰다. 공덕역을 출발하여 이동하는 20분 동안 아이는 나와 다섯 번 통화를 했다. 걱정이 되어 할머니 집 근처 역에서 기다리고 있던 나를 보자 아이는 이제 고모는 집에 가서 쉬라며 할머니 집 쪽으로 달려가는 것이었다.

뭔가 뜨거운 것이 가슴을 채웠다. 보이지 않는 아름다운 우정이나 사랑, 연민이 아이의 등에서 흔들리는 책가방 속 필통과 함께 덜그럭거리고 있었다. 잠들어 있던 다정한 마음을 일으켜 세우는 것이었다.

서로 돌보는
아이와 할머니

그렇게 할머니 댁에서 주말을 보낸 조카손자 정명이는 돌아오면서 할머니를 모시고 왔다. 먼저 전화로 희소식을 알렸다.

"할머니께서 저랑 함께 가신대요."

방과 후 할머니를 만나기 위해 혼자 학교 언덕을 내려와 공덕역에서 마포구청역까지 이동한 아이, 9살 소년은 할머니와 주말을 보냈고 나는 덕분에 귀한 휴식시간을 가질 수 있었다. 산책도 하고, 연하장도 쓰고, 책도 읽고, 집안의 모든 문을 열고 대청소도 하고, 이불도 털어 말리며 혼자 조용한 주말을 보냈다.

이제 아이를 데리러 갈 시간.

정명이에게 전화를 한다. 아이의 목소리가 동물원 중앙 분수대의 물방울처럼 싱그럽고 맑게 통통거린다.

"고모, 할머니가 저랑 헤어지기 싫어서 같이 오신대요."

나는 카카오택시에 출발 설정과 도착 설정을 한 후 미리 결제하기를 누른다.

"할머니 모시고 조심해서 오세요. 할머니 약 챙기는 것 잊지 말고."

할머니의 귀환으로 정명이는 신이 나 있다.

할머니는 정명이와 함께 드라마를 보거나 뉴스를 보며 역사를, 정치를 정말 즐겁게 설명한다. 대통령 후보의 이름을 줄줄 읊는 아이를 보고 대견해한다.

난 부지런히 맛있는 밥상을 궁리 중이다. 그 사이 변기는 한 번 뚫었고 인터넷쇼핑으로 막힌 변기 뚫는 **뻥투** 비닐을 주문해 두었다.

아이는 할머니를 돌보고 할머니는 아이를 돌보는 동안 나는 나를 돌보며 다시 기운을 얻는다. 우리 모두를 돌보기 위해 차를 마시고 음악을 듣는다. 뭔가 좋은 화합이다.

구두수선집에서 만난 소중한 것들

아침에 엄마는 신문에 실린 책 소개란에서 책 한 권을 가위로 오려서 나에게 주며 시간이 나면 사다 달라고 했다.

친구를 만나고 돌아오는 길 서점에서 엄마가 부탁한 『정신병의 나라에서 왔습니다』(리단, 반비)를 사는 길에 『아파도 미안하지 않습니다』(조한진희, 동녘)도 골랐다.

엄마가 읽고 싶은 책 제목이 의미심장했다. 노인은 두려운 것이었다. 실수 안 하던 상황에서 실수를 했는데, 냄비를 태우거나 작년에 정리해 둔 여름옷을 찾지 못하거나 할 때 낭패감을 느꼈다. 질병권을 이야기한 『아파도 미안하지 않습니다』가 엄마에게 더 필요할 것 같았다.

오랫동안 수고했으니까 이제 아파도 괜찮아 엄마. 두려워 말고 마음 놓고 아파해요.

조카손자 정명이가 태권도 끝나면 엄마에게 같이 가려고 기다리며 구두수선집에서 신발 밑창을 갈고 있었다. 가죽약 냄새가 밴 구두수선집 낡은 의자 위에 책 두 권을 가만히 놓아두고 구두아저씨 두두두두둥 고무망치 소리에 귀를 기울였다.

밑창 빠진 낡은 구두와 낯선 냄새, 분주한 비일상의 소리. 햇살 좋은 늦은 오후 어린 조카손자를 기다리고 있는 하얀 머리의 나. 이런 일상이 너무 좋은데 이 소중한 일상을 아픈 엄마와는 어떻게 나눌 수 있을까.

이럴 때 엄마에게도 나에게도 감성이 넉넉하고 시선이 다정한 인생의 스승까지는 아니더라도 소중한 것을 알아봐 주고 참된 돌봄을 이끌어 줄 안내자가 있었으면 좋겠다.

엄마의
전자담배

"시카고로 주세요. 얼마라고 했지요?"

"3만3천 원이요. 기기는 발라리안으로 하시겠습니까? 충전식입니다."

"묵직한 게 좋네요. 하얀색으로요. 잃어버려도 금방 찾을 수 있으니까."

"케이스는 보관해야 해요. AS 받으실 때 바코드가 필요하거든요. 코일은 피우시다 탄 맛이 날 때 바꾸어주면 돼요."

"기간은 어느 정도가 될까요?"

"하루에 반갑 정도 피우던 분들은…. 한 달에 두 번 정도 바꾸면 될 거예요. 옴 저항값이라고 코일 1.0이 있고, 0.6은 맛이 진해요. 니코틴은 3mg."

"그럼 일반 담배 지출비와 거의 같네요. 액상이 3만3천 원이고 코일이 만 원 정도니까."

"그렇죠."

"계산해 주시겠어요?"

카드를 내밀었다. 가방에 엄마의 전자담배 케이스를 넣고 내 손엔 액상 10개를 사면 한 개 서비스를 준다는 명함과 담배기깃값이 포함된 8만8천 원이 찍힌 영수증이 들려 있었다.

어지러웠다. 그곳에 가면 엄마의 에쎄 맛 나는 전자담배가 있을 줄 알았는데 그렇지 않다고 했다. 피워보고 결정해야 하므로 하나하나 맛보는 수밖에 없었다.

"켁켁."

"누르면서 입 대면 입술이 뜨거워요. 이렇게 입 대고 누르세요."

또 한 번 "켁켁".

어려웠다. 그리고 담배 맛이 왜 다 그럴까 싶었다.

달고, 구수하고. 망고 맛도 있고 초콜릿 맛도 있다니.

그런 건 처음부터 노땡큐. 처음에 권했던 시카고 이외에는 선택의 여지가 없었다. 시가에서 나오는 체어맨도 별로.

전자담배를 엄마에게 드린 날을 기억한다. 이런 걸 왜 사 왔느냐면서도 신기해하는 표정이 잠시 스쳐 지나갔다. 사실 그날 가족 단톡방에는 할머니가 밤에 거의 잠을 이루지 못 하고 불안해하고 감정 기복이 심해서 신경정신과 예약을 해두었다고 알렸다. 엄마에게도 문자로 알렸다. 예전 같았으면 강한 반감을 표현했을 텐데 당신도 달라진 몸 상태에 위험을 느꼈는지 반대하지 않았다.

 신문과 쑥떡을 가지고 들른 오늘 아침에 지난 신문을 보면서 처음으로 전자담배를 피우는 엄마의 등 굽은 뒷모습을 보았다. 인기척을 느낀 엄마는 뒤돌아보며 피드백을 주었다.
"어제부터 담배 안 피우고 이것만 피웠어. 냄새 안 나지?"
끄덕끄덕.
"정말 안 나?"
고개를 끄덕이며 엄마의 전자담배에 잉크를 주입하듯 액상을 추가하며 시연을 했다.
 마음에 드는 모양이었다. 불이 날까 두려웠는데 이젠 안심이 된 모양이었다. 나도 엄마가 잘 적응해 줘서 안도했다. 도라에몽처럼 시간이 자꾸 1분 뒤로 되돌아가는 느낌이었다.

아서 클라인먼 되기

잘됐네.

나의 문자에 아우는 이렇게 답했다. 이청준의 「눈길」을 읽지 않았어도 눈이 펑펑 내려 쌓인 길에서 엄마와 헤어져 본 사람이라면 그 애틋한 기분을 알 것이다. 넘어지지 않으려고 내 손을 꼭 잡은 오그라든 얇게 주름진 손을 잡고 걸어 본 사람이라면 가슴속에서 대나무숲이 바람에 우는 소리가 난다는 것도 알 것이다.

엄마는 이우를 저녁도 먹이지 않고 화살 같은 말로 내쫓았다. 아우는 엄마에게 저녁을 사드리고자 왔지만, 생전에 절약이란 걸 가르치고야 말겠다는 노인의 의지를 꺾을 수는 없었다.

어젯밤 늦게까지 엄마의 이야기 상대는 나였다. 사실 아침에도 나는 죽을 들고 일을 하러 가기 전에 들렀다. 소화를 못 한다고 식사를 자주 거르기에 '완전식'인 '뉴케어'도 챙겨서 갔다. 잠이든 엄마가 깰까 봐 죽을 두고 살금살금 도로 나왔다. 엄마와 자식으로 만나서 이러저러한 이야기를 쌓고서 만났다가 헤어지고 헤어졌다가 만나기를 수억 광년 동안 반복한 기분이 들었다.

잘됐네.

'정명이를 보자 오늘 처음 웃었고, 엄마는 지금 막 막걸리 한 사발과 함께 순댓국을 드시고 집으로 들어가는 길'이라는 내 문자에 아우는 이렇게 답했다. 아우와 나는 길이 엇갈렸다. 그가 엄마의 고집에 토라져 집으로 돌아가고 나서 얼마 지나지 않아 나와 정명이가 들어선 것이었다. 길 가장자리에 쌓인 눈길을 지나 엄마는 봄방학중인 아이의 안내를 받으며 집으로 가고. 나는 멀어져 가는 엄마와 아이의 뒷모습을 오래 지켜보았다.

아서 클라인먼의 『케어』(노지양 역, 시공사)의 일부분을 읽는다.

그래서 나는 아내의 안내인이 되었다. 아내의 손을 잡고 손과 볼에 키스하면서 그녀가 얼마나 사랑받는지를 다시 상기시켰고 그녀의 인지 능력이 나빠지면서부터는 그녀 옆의 사람이 나라는 것을 알리기 위해 그렇게 했다.

나는 친구에게 이 책을 읽은 것에 대해 문자를 보내며 다짐했다.

어젯밤 잠들기 전에 읽은 건 어마어마한 구원이었어요! 작가가 아내를 사랑하는 마음을 들여다보면 제 대답도 예스가 되겠지요?

오늘 난 억지에 가까운 엄마의 말을 들으며 엄마의 튼 손을 끌어다가 얼마 전에 사드린 영양크림을 듬뿍 발라 드렸다.

"얘가 왜 이래. 난 십 분마다 화장실에 간단 말이야. 로션을 발라도 소용이 없어. 난 끈적거리는 건 싫어한다니까."

영양크림에서는 실바람에 날아오는 여인의 향기가 났다. 잠시 노인의 방 공기에 생명이 깃들었다.

끈적이지 않는다는 걸 당신이 제일 잘 알면서…. 영양크림이 줄어드는 게 그저 아까운 게 아닐까? 뜨거운 내 손이 차가운 그녀의 손과 마음을 녹일 수는 없을까? 나는 고개를 갸웃거리며 얇은 피부 이래 감추어 둔 엄마의 말을 읽으려고 마사지를 계속했다. 황야에선 이리는 내가 아니라 늘 엄마였다. 늘 누군가를 위해 황야에 서야 했기에 안식을 모르는 '황야의 이리'. 그 이리의 주름진 손등.

그래서 나는 엄마의 안내인이 되었다. 엄마의 손을 잡고 손과 볼에 키스하면서 그녀가 얼마나 사랑받는지를 다시 상기시켰고 그녀의 인지 능력이 나빠지면서부터는 그녀 옆의 사람이 나라는 것을 알리기 위해 그렇게 했다.

엄마 여생
설명서

문을 열고 들어서자 화살처럼 엄마의 말이 쏟아진다.

"이제 오지 말고."

번역기가 빨리 돌아간다.

'내 이야기 끝까지 들어 봐.'

"나는 혼자 있는 게 더 좋아."

불편한 심기가 전해진다.

'이제 마지막 남은 생을 정리할 시간이 필요해.'

예상대로 엄마의 말은 조카딸 소리가 전해준 내용과는 달랐다. 엄마의 하소연에는 이모, 즉 당신의 여동생이 등장했다. 엄마는 그날 소리가 당신 집에서 나에게 가져다 줄 전을 싸고 있었다고 말했다.

"내가 네 것을 미리 덜어두었거든. 조금 넉넉히 덜어두었어. 네 이모 것도 더해서…. 아, 그런데 소리가 거기서 몇 개를 덜어내는 거야. 나 먹으라고. 그냥 가지고 가라는데, 말 되게 안 듣더라구."

조카딸 말로는 할머니를 생각해서 전을 덜어냈다고 했는데, 그 속에는 할머니의 속사정은 없었다.

"요즘 난 기름진 건 안 먹거든. 자꾸 체해서. 그래서 덜지 말고 그냥 가져가라는데 내 팔을 밀었어. 그래서 넘어졌어. 소리도 놀랐겠지. 요즘 난 중심을 잘 잃거든."

그때부터 난 어금니를 깨물어야 했다. 눈물이 났다. 엄마가 속이 안 좋아진 것도, 중심을 놓친 것도, 당신의 여동생에 대한 애틋한 마음도 그리고 손녀딸 소리의 무심함에 상처 입은 것도 모두 속상했다.

엄마에게 이모는 여동생이지. 그렇지. 옛날에는 장남, 장녀가 동생들을 다 돌봐야 했지. 공부도 가르치고, 시집장가도 보내고, 자신의 자식이랑 손주들 챙기느라 잊고 살다가 이모 생각도 났던 거지. 그걸…. 말로 하시지. 생각만 한다고 한참 어린 손녀가 어떻게 미루어 짐작할까.

여전히 손이 가야 할 게 많았던 중학생 막내조카 민이를 챙겼던 내 손길이 갓 태어난 소리의 아들 정명이에게로 향해서 서운했을 민이를 생각하면 내 속에서 회한 같은 감정이 떠오르는데, 엄마는 당신 체력이 떨어지는 가운데서도 이모의 존재를 떠올린 것이다.

이제 엄마의 '여생 설명서'에는 이모뿐만 아니라, 나도 정명이도, 아들도, 손주, 손녀 모두 줄줄이 사탕처럼 번갈아 떠오르면서 안개에 쌓인 것처럼, 누에가 누에고치를 트는 것처럼 엄마를 감쌀 것이다.

나 좀
안아줄래?

"나 좀 안아줄래? 추워."

엄마가 아기처럼 몸을 말고 부탁한다. 돌봄을 마치고 집에 오자마자 백신 후유증으로 근육통을 앓고 있던 내가 타이레놀 두 알을 꿀꺽 삼키고, 엄마가 누워 있는 침대로 가 눕는다. 엄마의 등 뒤로 가서 누구보다 긴 팔로 엄마의 어깨를 감싼다. 누구보다 긴 왼쪽 다리는 엄마의 골반을 감싼다. 태아처럼. 몇 달 사이 배만 올챙이 배처럼 볼록하고 팔다리 근육이 다 빠져버린 엄마.

누워서 엄마는 말한다.

"오래 앓지 말고 가야 할 텐데…."

나는 내 체온을 나누며 슈퍼에서 사 온 멍게를 엄마에게 몇 시쯤 간식으로 낼지, 만 원에 다섯 토막이었던 갈치는 두 토막은 튀기고 나머지 세 토막은 무를 숭숭 썰어서 붉은 고추, 푸른 고추와 파를 송송 썰어서 입맛 돌게 갈치조림을 해야지 마음먹는다.

안아달라는 엄마….

서로 역할을 바꿔 몇 년 살아도 나쁘지는 않겠지.

아니 20여 년 동안 나는 그런 느낌으로 집안의 가장이었다. 봄옷 대신 안아달라는 주문만 바뀌었다.

엄마의
장기요양보험 신청

1.

예약한 사람들로 붐비는 대기실 소파에 엄마와 함께 앉아 있다. 마침내 엄마를 아픈 몸을 가진 돌봐야 할 '뮤즈(11쪽 일러두기 참조)'로 받아들이는 순간이었다. 평일 오후 신경정신과에서 엄마는 귀에는 보청기를 끼고 지팡이로 몸을 의지한 채 작은 손가방에서 손바닥만 하게 접어 온 신문을 꺼내서 읽기 시작한다. 작은 손가방에서 차례로 접힌 신문이 나온다.

아침에도 스포츠신문이 사라졌다고, 화요일에는 퍼즐이 나오는 날인데 어디로 갔는지 모르겠다고 찾았는데 침대 사이에 떨어져 있는 걸 나중에 발견했다.

2.

엄마를 돌보는 동안 나는 번역일에 손을 놓고 있다. 책상 앞에서 자판을 두드리며 이중언어를 생각할 틈 같은 건 내게 없다. 신경정신과 선생님과의 대화는 이랬다.

"생각보다 좋아요. 치매라고 하기 어려워요. 그것보다 우울증이 예전보다 더 진행된 것 같아요. 2017년에 오셨고, 2018년에도 오셨는데 그때도 똑같은 말씀을 했어요. 제가 왜 기억하냐면 그때도 저에게 의사선생님이 바뀌었다고 했거든요. 1차 검사로는 모르니까 10월에 인지선생님 모셔서 2차 검사를 받고 그래도 이상하면 MRI를 찍어보셔야 해요."

나는 속으로 우물거렸다.

'엄마, 치매도 아닌데 그동안 왜···. 아, 맞다. 우울증이 깊어지면 그럴 수도 있다고 했지···.'

새로 처방된 약에는 우울증으로 겪는 망상, 환청에 쓰는 약과 수면제가 들어가 있었다. 수면제는 어지러울 수도 있으니까 밤에 화장실 갈 때 넘어지지 않도록 실내 보조기나 지팡이를 사용하라고 했다. 엄마를 집으로 모시고 와서 첫날밤을 함께 잤다. 자는 동안 엄마가 깰 때마다 같이 깼다. 그리고 메모를 남겼다.

뉴프람정 5mg,

스리반정 0.5mg,

아리피졸정 2mg.

10시 반 취침약.

11시 코골이.

12시 화장실.

2시 반 화장실.

5시 50분 화장실.

9시까지 깊은 잠.

3.

장기요양보험 신청을 인터넷으로 할 수 있는데도 여전히 망설였다. 등급 신청을 결정하고 실행하는데도 용기가 필요하다. 나는 조금 놀랐다. 내가 두려워하고 있다는 것을…. 닥쳐올 미래를 미루고 싶어 한다는 것을….

엄마의 쓰레기통에서 구더기가 나와서 돌아다니는 걸 보면서 이제는 혼자 일상생활을 하기에는 무리라는 생각을 했는데도 그것은 용기가 필요했다.

예쁜 치매는
없어요

그래도 예쁜 치매는 없어요.

군대에 있는 막내조카와 저녁 안부로 시작된 문자가 할머니의 아침인사 화제로 옮겨졌다.

"네가 몰라서 그래. 내 엄마 내 아빠가 늙어가는 모습 보다 보면 내 아이가 응석 부리는 것처럼 사랑스러울 때가 많아. 세상은 아직 네가 모르는 게 더 많단다. 이 이야기는 네가 오십이 되어야 이해가 되지 않을까? 아니면 노인 관련 책을 읽어서 선지식을 얻을 수도 있겠지."

사람마다 생각이 다르니. 누군가 세상에 대하여 모른다 할지라도 상대방도 타인보다 모르는 것이 분명히 존재한다고 생각해요. 그냥 순전히 경험 차이라고 할 수는 없고 관점과 생각 차이라고도 할 수 있을 것 같아요. 그래서 여러 사람과의 대화가 재미있고 어려운 거 같고요.

"그래, 맞아. 그래서 많이 경험하고 느끼고 이해하려고 노력해야겠지. 할머니가 남이라면 나는 절대로 그렇게 인사하는 사람과 어울리지 않을 테니까. 어떻게든지 인정하려고 노력하고 있단다. 너라면 '왜 왔니? 내가 죽었나 확인하려고 왔어? 오지 마' 하고 아빠가 말하면 기분이 어떨 것 같아? 그 말을 듣고 다음 날 다시 문을 열고 아빠를 만나러 갈 용기가 생길까? 아주 어렵단다 얘야…."

할머니 세대 때는 매우 심했을 테니…. 서로 존중하는 대화로 화목해지면 좋겠어요.

"가능하지 않을까? 너와 내가 이렇게 대화하고 있으니…. 할머니를 위해서 설거지를 했는가. 밥을 차려 봤는가. 장을 봐왔는가. 함께 TV 프로그램을 시청하고 대화를 했는가. 가까운 산책로를 모시고 걸었는가. 무엇이 필요한지 탐색해 봤는가. 귀이개가 필요한지 핸드크림이 다 떨어졌는지 햇과일이 먹고 싶은지, 아니면 요즘 유행하는 맛집에서 포장해 온 메뉴가 드시고 싶은지. 근래 어디가 가장 아프신지. 병원은 다녀오셨는지. 예약은 잡아드렸는지, 검사 결과를 보고 어떤 처방을 받았는지. 병원비 지불에 어려움은 없었는지. 어려움이 있었다면 어떻게 해결했는지. 방 걸레질을 했는지, 걸레를 빨았는지, 재활용 쓰레기와 음식물 쓰레기를 버렸는지, 이것은 사랑하는 사람에게 우리가 할 수 있는 최소한의 일상이란다."

휴가 7월10일~22일 나갈 것 같아요. 복귀 일이 앞당겨져서 스케줄이 다 꼬였어요. 11일에 바로 여행 ㅋㅋ

"잘 다녀와. 그럼 아빠에게는 언제? 할머니께는 언제 다녀갈 거니?"

10일이랑 여행 다녀온 다음에요.

"할머니께 개인 문자 드리렴. 씩씩한 군복 입은 모습 보시겠네."

네. 원래 16일에 나가려 했는데 잘 안됐어요.

"괜찮아. 원래 뜻대로 안 되는 게 많단다. 매우 긴 시간 마음의 준비하지 않으면 가족 내 돌봄 민주화를 이루어 낼 수 없어. 공평해야지. 모두 할머니의 돌봄을 받았으니 돌봐드리는 것도 N 분의 1이 되도록 노력하거라…. 기대할게."

엄마의 나박김치 키트

아침에 신문을 들고 갔는데 엄마는 잠들어 있다. 무기력에서 벗어나도록 일을 만들어 드리자 생각한 것이 나박김치 키트.

"나박김치를 만들고 싶다고 했잖아 엄마. 이제 물을 붓고 고춧가루만 우려낸 다음 절인 배추 넣기만 하면 되니까 어서 일어나."

엄마의 오늘 아침은 쑥떡과 어묵이다. 저녁은 끓여놓은 배추된장국. 내일은 단감과 치즈 한 장과 우유를 드려야지.

엄마,
그런 게 아니에요

 엄마는 마지막으로 원망과 분노로 이별의 아쉬움 따위 헤진 담요처럼 너덜너덜하게 만들고 가려나 보다. 치매교육을 아무리 받으면 뭐 하나. 평생 내 앞에서 다양한 요구와 기대로 부풀 대로 부풀었던 소녀 엄마에게 나는 더는 드릴 게 없다.

 오늘도 조카손자 정명이가 눈치를 본다며, 내가 아이에게 눈치를 줘서 그러는 게 아닌지 물으며 역정을 낸다. 엄마가 아니어서 눈치를 볼 수밖에 없다고 미리 단정 지어서 화를 낸다. 사람 잡을 소리에 침묵하는 수밖에.

 ADHD의 특성이 주의산만이라면 정명이는 창조적으로 집안 분위기를 살피고 있었을 것이다. 모르는 사람이 볼 때 주위를 두리번거리는 것으로 오해를 살 수도 있다. 그렇지만 정명이는 감정 기복이 심해져서 다양한 형태로 분노를 나타내는 할머니와 그런 할머니를 힘들어하는 고모를 살피고 있는 것이다. 불안한 것이다.

엄마의 호통은 섬세한 정명이의 특성을 모르고 하는 소리다. 소리에도 예민하고 다양하게 사고하고 반응하는 아이의 특성을 안다면 아이가 상황을 판단하기 위해 정보 수집 중인가 보다 하고 생각하면 좋은데.

참으로 아쉬운 사연들이 쌓여간다.

엄마라는
우울에 대하여

 엄마는 아침에도 같은 자리에 앉아 있었는데 돌봄 일을 끝내고 점심에 갔더니 아직도 그 자리 그대로다.

 "그 약이 센지 아무것도 할 수가 없구나."

 걸레도 대야에 그대로 있고, 아침에 드신 그릇도 그대로 있고, 끓여놓은 보리차도 물병에 담지 않아 그대로다. 3주 전에 내 허리에 맞은 근육주사는 한 달이 되기도 전에 효과가 사라졌다.

 거짓말하지 마 엄마. 엄마는 쭈욱 내가 고등학교 때부터 그랬어. 아프다며 하루 종일 그 자리에 누워있는 날이 많아서 나는 정말 엄마 없이 황야의 이리가 된 기분이었어. 왜 내 딸이 되려고 해? 왜 내 딸인 것처럼 자신의 인생 숙제를 나에게 맡기고 뒤에 숨어 있는 거야?

 문밖에 둔 쓰레기봉투에 쓰레기를 채우며 중얼거린다. 미워하면서, 엄마의 우울을 혐오하면서 마치 가족이라는 군대에 입대한 것처럼 탈영도 못 하고 인생 끝나는 날까지 가족을 위해 쓰이다 죽어질 몸이다.

이제 이동해야 할 시간. 조카손자 정명이가 학교에서 돌아와 언어수업을 받으러 이동하는 동안 나도 양육자 상담시간에 맞추어 대기실에 가 있어야 한다. 엄마는 우울증이라는 병을 받아들이지 못하고 자신을 속이면서 마침내 행동하는 대로 사고하게 되었다. 사고한 대로 행동해야 그 우울의 벽을 넘을 수 있는데….

엄마, 그 병은 스스로 노력해야 하는 것도 맞지만, 내가 손을 잡고 그 벽을 넘게 해드리지 못해 미안해. 나도 어떻게 해야 하는지 몰랐어. 그냥 지켜보면 나을 줄 알았고 병원에 가자고 하면 화부터 내니까 내가 대신 그 약을 십여 년간 먹었다는 걸 알아줘. 내가 그 약을 먹고 엄마의 점심을 차릴 수 있는 용기가 생겼다는 것만 기억해 줘.

노인은 설거지를 하고 쓰레기를 버리고 보리차를 담아 냉장고에 넣고 문턱을 넘으려는 나에게 미안한 듯 진심이 담긴 인사를 한다.

"고마워."

애도는
살아계실 때부터 시작된다

 아침에 엄마는 물건을 차례차례 잃어버렸다. 택시로 이동했는데 그사이 없어졌다고 했다. 엄마는 버스 정거장에 앉아 있고 나는 왔던 길을 되돌아갔다. 아파트 엘리베이터에도 지팡이는 없었다. 나중에 안 일이지만 버스정류장 옆에 기대어 놓았던 것이다. 안방 테이블에 보청기가 있었고, 베란다 의자 위에 엄마의 손가방이 있었다. 오전에 만 보쯤 달린 나는 엄마의 몸에 보석 장신구를 걸어주듯 지팡이와 모자와 보청기를 드리고 그제서야 이동을 했다.

 초록 강변으로 자꾸만 시선이 갔다. 더 꼼꼼하게 챙겨드리자고 약속. 엄마는 잃어버렸던 물건을 찾자 헤헷하고 어린이날 선물을 받은 아이처럼 웃었다.

 어느 날 정신이 맑아진 느낌이라고 엄마는 말했다. 또 어느 날은 비틀거리던 걸음을 조금은 둔해 보이지만 안정감 있게 걷고 있었다.

 아이들만 성장하는 줄 알았는데 노인도 성장을 했다. 성장과 퇴화를 반복하면서 그렇게 늙어가는구나 싶었다.

지역사회의 도움을 받기 위해 어제는 복지관에 다녀왔다. 치매교육을 당신이 받겠다고 했으니 이것이 바로 진정한 성장. 그랬다. 본인이 납득을 할 때까지 따뜻한 음식, 맛있는 음식 챙기며 기다리는 시간이 필요했던 것 같다.

복지사와 함께 셋이 이야기하니까 더 잘 속내를 드러내셨다.

"우리 엄마도 치매로 돌아가셨거든. 난 건망증이지 치매 아니야. 근데 요즘은 내가 봐도 좀 두려워…."

"맞아요. 어르신. 치매가 잘못은 아니잖아요. 건망증일 수도 있구요. 나오셔서 비슷한 어르신 경험담도 듣고 운동도 하세요."

엄마는 당신이 복지사의 업무에 도움이 된다면 기꺼이 교육을 받겠다고 했다.

명절에는
다 그래 엄마

　엄마와 아파트에서 전철을 타기 위해 걸어가고 있었다. 엄마와의 외출이 몇 달 만인지 몰랐다. 아파트에서 나오자마자, "얘, 나 화장실. 전철역으로 빨리 가자. 아니야, 집으로 갈래." 하며 한 손에 지팡이를 든 엄마가 내 손을 꽉 잡았다.

　"나온다. 걷지를 못하겠어. 어쩜 좋아. 이러지는 않았는데…."

　엄마는 아기처럼 곧 울 것 같았다.

　"어머 어머 바닥에 떨어지면 어떡해."

　"괜찮아, 엄마. 괜찮아. 내가 다 치울게."

　"양말, 양말에 바지를 넣어줘."

　나는 부지런히 엄마의 바지를 양말로 감쌌다.

　입추라는데 바람은 왜 그렇게 맵고 추운지 엄마와 나는 벌판 한가운데를 걸어가는 기분이었다.

　간신히 엘리베이터를 타고 현관문을 열고 욕실로 향했다.

"이런 일은 없었는데. 어떻게 하니."

엄마는 거의 울 것 같았다. 아니 속으로는 우는지도 몰랐다.

바지를 벗으려는 엄마에게, "엄마 움직이지 마. 내가 벗겨줄게. 움직이면 여기저기 다 묻어." 하며, 일회용 비닐장갑과 봉투를 준비하고 엄마의 바지를 벗겼다. 벗은 속옷을 말아 봉투에 넣었다.

요실금팬티였다면 양옆을 찢어서 버리면 편할 텐데….

"다 버려 애. 다 버려. 아 난 몰라."

물티슈로 엄마의 뒤를 닦아드리는데 엄마의 엉덩이가 홀쭉하다. 푹 꺼져 있다. 코끼리 다리처럼 주름져 있다.

"엄마 변기에 앉아 서서 앉아. 엄마 내가 씻겨 줄까?"

"그래. 그럴래?"

샤워기의 물을 틀어 온도를 맞춘다. 기분 좋은 향이 나는 샴푸를 꺼낸다.

"그러지 않아도 오늘쯤 샤워하려던 참이었어."

"아 샤워타월로는 닦지 마. 더러워."

"괜찮아. 빨면 돼."

엄마의 머리를 감기고 바디샴푸로 몸을 닦으면서 머릿속으로는 요실금팬티를 주문해야겠다고 생각한다.

"명절에는 다 그래 엄마. 평소에 안 먹던 기름진 음식을 먹어서 그래. 2층 할머니도 쌌고, 8층 할머니도 쌌는걸."

"어머, 8층 할머니는 왜?"
"나이 들면 근육이 풀어져서 다 그래."
"그러니? 이제 됐다. 마무리는 내가 할게."

엄마가 마무리를 하는 동안 나는 망원시장으로 가서 바지를 샀고, 속옷 가게에서는 다리에 고무줄이 되어 있는 사각 면 팬티 두 장을 샀다. 장갑을 끼고 바퀴 달린 장바구니를 끌고 시장을 나서는데 사나운 바람이 코끝을 스쳤다.

엄마의 말을
모아서

　엄마가 머리를 기르기 시작했다. 아니 정확히는 그냥 미장원에 간 지 오래되었다. 엄마는 내가 부엌에 설 때 쓰는 앞머리 정리용 핀을, 반짝이는 큐빅이 촘촘히 박힌 튤립 핀을 보고 예쁘다고 한 적이 있었다(선물 받은 핀인데 나는 사실 소박한 핀으로 바꾸고 싶었다).

　과연 내가 고른 오늘의 머리핀을 좋아하실까.

　그러고 보니 '엄마의 말'을 기록해야겠다는 생각이 들었다. 상처 받은 말이지만 지금은 극복한 말들.

네가 사준 옷은 다 마음에 안 들어.
난 네게 준 것도 빼앗아서 손녀딸에게 주고 싶어.
네가 아들이었으면 또 낳지 않았을 거야.

엄마의 말이 신기할 때가 있다. 어떻게 저렇게 말할 수 있을까?

엄마가 바라보는 세상은 흑백일까? 아니면 볼록거울, 오목거울?

이해가 부족한 걸 거야. 논리력은 있는데 감수성만 고장 난 게 아닐까. 근데 연애드라마를 좋아하는 걸 보면 어떤 판타지가 있으시네….

등등 엄마를 탐구한다.

엄마의 말에 더 이상 흔들리지 않을 나는 퇴근길 단발머리를 고정할 핀을 고르며 엄마가 빨간색을 좋아했나? 초록은 마음에 드실까? 마음에 안 들면 바꾸어 드린다고 할까?

이런저런 상념으로 망설이면서 궁극적으로는 자신의 욕망이 거세된 채 살아온 엄마의 서사에 가슴 아파했다. 아들은 오랫동안 아팠다. 딸은 잘나서 엄마의 말은 들은 척도 하지 않았다(나로서는 상처받지 않으려는 몸부림이었다).

예전의 젊었던 엄마는, 내가 아는 엄마는 그런 엄마가 아니었다. 세월에 의해 제대로 자기 목소리를 가질 수 없었던 엄마의 일그러진 말. 그 말을 모아야겠다. 늦기 전에.

엄마는
나의 직업을 사랑했다

　엄마는 나의 직업을 사랑했다. 번역가라는 직업을 아끼는 엄마와 나는 여러 권의 책을 번역하는 동안 동업자에 가까웠다. 누구나 번역에 익숙해지기까지 번역 어투를 찾는 데 고심하는데 나의 경우는 입말을 쓰는 것도 어색하다. 왜냐하면 모국어도 나이와 함께 변화하고 성장하는데 20대 초반에서 서른까지 도쿄에서 보내는 동안 늘 긴장하며 잠꼬대도 일본어로 할 정도였으니까.

　초벌 번역을 한 원고는 일단 엄마에게 갔다. 한국어가 이상하면 바로 각색에 들어갔다. 엄마의 언어로 수정된 원고를 읽으면서 번역으로 긴장된 뇌를 이완했다. 때론 엉뚱하게 비약한 문장에 머쓱해하며 내 글쓰기의 미래를 보기도 했다.

　엄마는 살림은 미루어 두고 하루 종일 원고를 읽었다. 연애소설도 읽고, 추리소설도 읽고, 요리책도 읽었다.

추리소설 같은 경우에는 엄마가 좋아하는 장르여서 번역하는 등 뒤에 앉아서 에이포 한 장이 완성될 때마다 낱장으로 프린트해서 그 자리에서 읽고는 그다음 원고 독촉을 했다. 추리소설의 경우 맨 마지막 범인이 밝혀지는 부분부터 읽고 책 읽기를 시작하는 엄마로서는 아주 감칠맛 나는 시간이었고, 나는 편집자 대신 등 뒤에서 독촉을 하는 엄마 덕분에 지치지 않았다. 나는 살인이 세밀하게 묘사된 부분을 글로 옮기는 것이 무시무시해서 매일 밤 가위에 눌렸다. 진짜 무서워서 빨리 끝내버리고 싶었다.

국내 첫 번째 독자인 엄마는 책의 가치를 알아본 열혈 독자가 되었다. 그해 나는 1만 부 번역가가 되었다. 게다가 인세 번역이었다. 나쁘지 않았다.

동일한 작가의 책 번역 의뢰가 들어 온 어느 날 주말에 나는 할머니의 장례식장에서 책을 읽다가 울었다. 그냥 서러웠다.

번역을 맡을지 거절할지 답을 주기 위한 과정이었지만, 묻지도 따지지도 말고 생계형으로 다음 책을 계약할 상황이었지만, 나는 할 수가 없을 것 같았다. 일본어로 된 책이기에 내용을 들키지는 않을 테지만 엄마와의 동업은 기대할 수 없을 것 같았다.

도입부부터 온갖 섹스가 나오는 문고판을 들고 할머니의 장례식장 안에서 나는 다른 친척들과 떨어져 나와 혼자만 천장을 떠다니고 있는 기분이었다.

저도 데려가주세요 할머니.

얼마 후 영화 한 편을 보았다. 오다기리 조와 키키 키린 주연의 〈도쿄 타워〉다. 그 영화에서 아들은 엄마의 장례식 때 원고 독촉(정확히는 확인해 봐야겠지만)을 받자 화를 내면서도 약속한 일을 끝낸다. 말 그대로 펑펑 울었다.

돌아가시기 전에 할머니에게 잘사는 모습 보여드리고 싶었다. 인세 번역가로 계약하는 책마다 엄마를 즐겁게 해주고 싶었다. 나는 그 무엇도 아니었다. 그 무엇도 아닌데 싫은 것만 많은 고집불통이었다.

간장의 맛

TV에서 〈팔도밥상〉을 보고 있었다. 허리가 굽은 노인이 딸자식에게 직접 담은 장으로 청국장도 끓여주고 조선간장도 나누어주는 장면이었다. 엄마는 말했다.

"어릴 때 정성스럽게 못 키워서 미안하지. 청국장밖에 줄게 없어."

말씀 참 예쁘게 해서 메모해 놓았다. 나도 언젠가는 미안한 마음을 솔직하게 표현해야지 하면서. 늘 엄마를 생각하면 고맙고, 미안하고, 속상하고, 애틋하다.

먼저 고마운 점은 자식을 끝까지 믿어줬다는 점이다. 재능이 있는지, 머리가 좋은지, 비전은 있는지 따지지 않고 문학을 한다는 나를 믿어주었다. 장항아리 곁에 서서 딸들에게 '간장의 맛은 햇빛, 바람, 물이 결정을 하는 거야'라고 가르쳐 주는 노인처럼 엄마도 딸인 내게 햇빛, 바람, 물과 같았다.

엄마의 믿음이 언젠가부터 미안하게 느껴지기 시작했다. 그 미안함은 속상하고 애틋하여 이상하게 화가 나는 것이었다. 엄마는 엄마 인생에 화를 내고 있었고, 나는 내 인생에 화를 내고 있었다. 우리는 오랫동안 마음이 아팠다. 각자의 마음이 아프고 아파서 서로를 돌볼 여유가 없었다.

불을 지피는 아궁이에다 삽을 올려놓고 그 위에 고추장양념불고기를 구워주는 부모 곁에 딸들이 옹기종기 모여앉아 아기 새가 모이를 먹듯 받아먹는다. 팔도의 밥상이라지만, 가족의 밥상이 원래 이랬다. 나도 가족의 밥상을 위해 번역을 하는데, 일을 하다 쉬고 싶어질 때도 있었다. 의자에서 일어나면 흐름이 끊기니까 앉은 채로 만화책을 펼쳤다. 임지이 작가의 『나는 더 좋은 곳으로 가고 있어요』 (빨간소금)를 읽으며 나도 모르게 낄낄거리고 있었.

초등학교 시절 만화방에서 쥐포를 먹으며 길동이 4컷 만화를 보았다. 엄마는 내가 보이지 않으면 날 찾으러 만화방으로 왔다. 만화를 읽고 있으면 책을 좋아한다고 어린이 세계문학전집을 사주었다. 중학생이 되었다. 동네 책방에 가면 엄마는 시집을 사주었다. 나는 그렇게 시인이 되고, 소설가가 되고, 번역가가 되는 꿈을 꾸었다.

엄마는 그 시절 책 읽는 나의 미래를 굉장히 기뻐하며 상상했다.

물을 주고, 바람을 주고, 햇빛을 주었지.

이제 엄마의 엄마가 되어서 물을 주고, 바람을 주고, 햇빛을 주고자 노력하고 있다. 간장의 맛은 곧 인생의 맛. 인생의 맛은 곧 사랑, 믿음, 소망이 좌우한다.

엄마의
틀니

"은주는 착하지?"

엄마가 그렇게 말하면 나는 자주 세 살 터울인 남동생에게 간식을 양보했다. 기다리고 기다리다 일터에서 돌아온 엄마는 내 차지가 아니었다. 잠자리에서는 엄마를 사이에 두고 동생과 누워서 서로 자기 엄마라며 싸우던 기억이 난다.

그런 엄마와 단둘이 생활했던 적이 있다.

우리는 도시 변두리로 숨어들어 방을 구했다. 집도 넘어가고, 가게도 넘어간 상태에서 빈털터리가 된 엄마와 함께 살기 시작한 그해 가을 은행잎은 정말 눈이 부셨다.

엄마는 그때까지 못 해주었던 사랑을 한꺼번에 갚으려는 듯 저녁이면 고등어자반을 굽고, 된장찌개를 끓였다. 부엌일은 언제까지나 서툴기만 한 엄마였지만, 열심이었다. 나는 당연하게 월급을 받으면 교통비와 약간의 용돈만 빼고 엄마에게 드렸다.

어느 날이었을까. 출근길에 엄마는 나를 따라나섰다. 버스정류장까지 배웅을 나온 것이었다. 은행잎이 그야말로 쏟아지는 가을날 새벽, 버스에 오르자 엄마는 멀어질 때까지 손을 흔들었다. 마치 축구 응원석에서 응원을 하는 것처럼. 낙엽처럼 빈손이 허공에서 흔들렸다. 이가 다 빠져버린 홀쭉한 얼굴로 엄마는 웃었다.

나는 엄마의 물건을 몇 가지 간직하고 있는데 하나는 결혼 예물로 받은 손목시계, 또 하나는 엄마의 어금니, 뿌리째 뽑혀버린 어금니를 간직하고 있다. 부도를 막기 위해 애쓰는 동안 엄마는 풍치를 치료할 여유 같은 건 없었다. 그렇게 뿌리가 깊은 어금니가 뽑힐 때까지 방치할 수밖에 없었다. 그 어금니를 보면 나는 지금도 아프다.

우여곡절 끝에 12개월 할부로 맞춘 엄마의 틀니를 찾아온 날 우리는 밥상 앞에서 오래간만에 웃었다.

"방금 미늘을 씹었어. 신기하네."

엄마는 음식의 맛을 음미하며 좋아했다. 그때부터 심리적인 엄마의 돌봄은 시작되었다고 나는 생각한다. 그리고 이 기억은 훗날 돌보는 일에 지친 사람들과의 연대를 도모하고자 하는 마음이 싹튼 순간인지도 모르겠다.

엄마와의 생활은 짧게 끝났다. 노란 은행잎이 달린 가로수가 끝없이 펼쳐진 정류장에서 엄마의 배웅을 받는 일도 끝이 났다. 그해 엄마는 조카들을 돌보기 위해 아들에게로 갔다.

엄마여서
그런 말은 어렵다

 엄마는 비밀 녹음되는 볼펜 광고지를 오려서 보여주며 사달라 한다. 녹음해도 귀가 안 들려서 소용없다고 하니까 이번엔 이어폰 광고지를 오려서 돈 줄 테니 사달라고 한다.
 비판적이던 성격은 의심하는 성격으로 심화과정을 겪고 있어서 둘만 있으면 괴롭다. 아무도 없는 방안에서 엄마의, 엄마가 아닌 모호한 실체와 마주 보며 나는 혼란스러워 설거지를 한다. 음식물쓰레기를 버리러 오르락내리락한다.
 정서적인 지지를 해 주려면 엄마와 마주 앉아 대화해야 한다는 것을 나도 안다. 긍정의 언어로 그 볼펜 삼십만 원이나 하니까 다음 달 월급 타면 사드리겠다고 완곡어법을 쓸 걸 그랬다. 거기서 귀 안 들리니까 소용없다는 소릴 해서 매를 번 것이다. 엄마가 아닌 다른 뮤즈에게는 정말 다정하게 대하면서 엄마에게는 퉁명스럽게 대했으니 공정하지 못한 건 인정한다.

"그래도 엄마, 지난달에 보청기도 사고 에어컨도 설치하느라 지출이 많았는데 녹음용 볼펜은 나중에 사자."

이 말은 죽어도 안 나오는 게 당신이 뮤즈가 아니라 엄마여서 그럴 것이다. 아이에게 돈이 없어서 이번 달 학원 쉬자고 말 못 하는 것과 똑같이.

엄마
살기로 결심하다

엄마 : TV가 내가 놓은 각도가 아니야.

나 : 그럼 누가 들어왔단 말이야?

엄마 : 그래.

나는 방 걸레질을 하면서 놀라지 않은 척, 그냥 이야기 듣기. 언제쯤 엄마의 장단에 맞추어 대화를 이끌 수 있을까?

연습이 필요하다.

"엄마, 무서웠겠다. 현관문 안에 걸쇠 걸어두어야겠는데…."

드디어 걷기에의 동기 부여가 시작되었다. 복지관 식당을 이용하여 걷는 연습을 시작하게 되었다. 걷는 훈련을 완강하게 거부하던 엄마였기에 믿기 힘들었다. 엄마의 걸음이 완전하지 않았지만 지팡이에 의지해 조금씩 늘려나가며 가능해진 것이다. 식당 이용 후 105동과 107동 사이 벤치에서 휴식한다는 뒷이야기도 들었다. 이제 엄마와 복지관 식당 에피소드로 대화할 소재가 생겼다. 복지관에 잘 갔다는 생각이 들었다.

"난 식혜 안 좋아해서 안 먹고 가져왔어."

디저트로 나온 캔 식혜를 건네주는 엄마.

"어떤 할아버지가 신은 샌들이 너무 편해 보여서 어디서 샀는지 묻고 싶었는데 참았어. 내가 사람들 기다릴까 봐 서둘러 먹는 게 보였는지 복지사가 천천히 먹어도 된다고 했어."

엄마는….

딸 집에 와 있으면서 딸이 밤낮으로 일하는 걸 지켜보고 죽기로 결심한 게 아니라 더 지켜보기로 결심했나 보다. 죽겠다고 입만 열면 한탄만 하던 엄마는 복지관에서의 훈련에 자신감을 찾으신 건지 조금씩 기운을 내고 있었다.

딸의 마음은 밤의 네온처럼

"나 배 안 고파…."

상을 차렸지만, 엄마가 도로 누워버린다. 때를 놓치면 저혈당이 오는데 배가 안 고파서 안 먹겠다는 엄마를 달랠 말이 뭐가 있을까?

침대에 누운 엄마의 뒷모습을 보고 안타까워하는 딸의 마음이 있다. 끊임없이 변하는 엄마의 몸 그리고 마음. 엄마의 마지막을 지키기 두렵고 무서운 딸이 있다. 겁에 질려서 바라보는 딸은 벌써부터 눈을 감고 싶다. 엄마의 말이 왔다갔다 할 수도 있는데 그때마다 응답하고자 하는 딸의 마음. 노안이 와서 한 문장을 쓰기 위해 안경을 썼다 벗었다 하는 딸의 마음도 엄마의 마음과 닮았다.

이 시기가 지나면 그리워지겠지. 몹시 그리워질 거야. 후회가 될까?

그러다가도 멀쩡히 일어나 앉아 방금 한 말을 부정하려는 듯 국그릇을 비우는 낯선 엄마 곁 딸의 마음은 밤의 네온 간판처럼 꺼졌다 켜졌다, 화났다 서글퍼졌다 미안해졌다 그리워졌다 한다.

나는 이제 낯선 여성과 사귀어야 한다.

폼나는 맥가이버식
돌봄 나눔의 현장

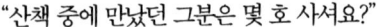

"산책 중에 만났던 그분은 몇 호 사셔요?"
"202호."
"먼저 세상을 떠났다는 장애가 있던 아이는 딸이었어요?"
"아들."
"자식을 먼저 보낸 부모 마음은 어떨까요?"

걸레질을 하며 뮤즈와 나눈 대화다. 재가방문을 하며 뮤즈를 돌보는 4년 동안 202호에 사는 '제우스(11쪽 일러두기 참조)'는 멀리서도 기다렸다가 친절하게 먼저 인사를 건네는 분이었다.

뮤즈와 산책에 나선 오늘도 자신의 집 문을 열쇠로 따고 들어가려다 말고 우리가 가까이 걸어올 때까지 기다리고 있었다.

"오늘 현대아파트에 갔었어요."

그가 말했다.

"정말요?"

내가 반갑게 답했다. 현대아파트는 내가 사는 아파트였다.

오전에 아파트 설비 고치는 일을 한다고 했다. 수도도 고치고, 바퀴벌레약도 뿌리고, 겨울이면 손봐야 할 보일러 관련 일도 한다고 했다. 나의 출근길과 제우스의 퇴근길 동행에서 들은 얘기들이었다. 그의 나이 일흔은 넘었을 텐데 새벽 일을 나가서 내가 돌봄 하러 출근할 때쯤 퇴근을 했다. 오늘은 대화 중 같은 단지 9층에 사는 엄마의 세탁기가 흔들리는데 A/S 기간이 종료된 터라 고치지 못하고 있다는 말에 돌봄이 끝나면 도와주겠다고 했다. 뮤즈와 같은 층에 사는 202호 제우스는 고마운 분이다.

나는 뮤즈의 방 걸레질을 하며 물었다.

"세탁기 흔들리는 걸 고쳐주면 얼마를 드려야 할까요? 2만 원은 너무 적지요? 한 3만 원 봉투에 넣어야겠지요?"

"그렇지."

"저는 아빠 없이 살아서 집에 힘든 일 할 사람이 없었잖아요. 이렇게 힘든 일 도와준다고 하면 고마워요."

"맞아."

뮤즈는 나의 말에 깊이 공감했다.

몸은 건강한데 손이 마비된 뮤즈는 하나에서 열까지 남의 도움이 필요했다. 냉장고 문도 열 수 없어서 오후에 마실 물을 미리 따라두어야 했다. 뮤즈의 마음을 다 헤아릴 수는 없지만 자신이 할 수 없는 일을 도와줄 때 얼마나 개운하고 후련할까.

엄마도 요실금으로 모아둔 팬티를 자주 빨아야 하는데 탈수할 때마다 요동치는 세탁기가 얼마나 싫었을까.

돌봄을 마치고 제우스와 9층으로 올라가자 엄마는 정색을 하며 세탁기가 안 흔들린다고 했다. 그러거나 말거나 어르신을 오래 상대한 제우스는 집안 곳곳을 살피며 도울 일이 없는가 살폈다. 화장실 비데가 살짝 중앙을 빗겨나 설치되어 있자 한두 번 좌우로 살피더니 중앙으로 돌려놓았다.

그것을 본 엄마 마음 문이 열리기 시작했다. 봇물 터지듯 하고 싶었던 일이 생각나기 시작했다.

이때도 제우스는 덤덤히 앞으로의 할 일 순서를 잡는다. 부족한 부품을 가지러 당신 집에 다녀 온다. 드릴 소리, 못 박는 소리가 난다. 엄마는 침대 위에 빨래를 걸어두는 방식으로 건조한 방에 습도 조절을 하길 원한다. 제우스는 못 3개와 길에서 주워 온 긴 봉으로 그 꿈을 이루어 준다. 현관문을 열어두면 지나가던 사람들이 안을 들여다봐서 싫다며 현관에 발을 치고 싶다 한다. 이때 또 못 3개가 박히면서 엄마의 꿈이 이루어진다.

월동 준비로 작은방 창문에 뽁뽁이를 붙이고 싶다는 데까지 엄마의 희망 사항이 전달되기까지 한 시간이 흘러 있었다. 오전에도 새벽 일을 했을 텐데 오후 3시쯤이면 일흔의 나이로는 다음 날 지장이 있을 것 같았다. 나도 이동해야 할 시간이었다. 엄마는 아이처럼 졸랐다. 제우스는 물뿌리개에 물과 식용유를 섞어야 뽁뽁이가 떨어지지 않는다며 달랬다.

엘리베이터를 타고 내려오면서 제우스가 말했다. 봉사하려고 올라온 건데 돈 봉투를 주면 어떻게 하느냐고. 돈을 넣은 흰 봉투에 몇 자 쓴 후 편지라며 드린 것을 연장을 가지러 가는 길에 봉투를 열어 보았나 보다.

"안 받으려고 했는데 난 교회 다니니까 감사헌금 하려고."

"감사헌금에 제 돈이 쓰이면 너무 좋지요."

엄마는 다음 주 물뿌리개를 가지고 올, 아흔 넘은 장모님을 홀로 모시고 산다는 이야기를 나누었던 제우스를 알아볼까?

마지막 잎새의
심정

엄마를 돌보는 마음에 대하여 누군가 묻는다면 '마지막 잎새'를 그리는 심정이라고 말하고 싶다. 침대 위에서 베란다 쪽을 보며 엄마는 이렇게 말한다.

"세탁기가 흔들려서 고치고 싶어."

나는 잘 듣고 있다가 A/S 기간도 지나버린 세탁기를 고정해 줄 분을 섭외하기 시작한다. 엄마와 나의 대화가 '세탁기가 흔들려서 고치고 싶다'는 말로 마지막이 된다면 어쩌지, 조바심을 내면서.

지난주에 엄마는 기분이 나빴다. 기분이 나쁜 날 나에게 조간신문을 던졌다. 늘 엄마와 이별할지도 모른다는 '마지막 잎새'의 심정으로 사는 나에겐 납득할 수 없는 마지막이었다.

이번 주 엄마의 기분은 최악이었다. 세탁기를 고정해 주려고 나타난 나와 202호 할아버지를 세탁기 근처에 가지도 못하게 했다. 세탁기 바닥은 헌 슬리퍼가 고정되어 있었다. 대신 살짝 비뚤어진 비데를 바로잡고 못 3개를 박아서 침대 위에 봉을 달아드렸다. 모두 엄마의 주문이었다.

다음 다음날 엄마의 기분은 더더 나빴다. 못 3개가 당신이 원하던 자리가 아니라는 것이었다. 마음대로 내 집에 드나들지 말라며 고래고래 화를 냈다. 아무래도 이날 돌아가시면 안 될 것 같았다. 엄마와 나의 마지막이 이런 식으로는 끝날 수 없었다. 나는 찰리 채플린처럼 시계 안에 갇혀 시간을 돌리고 돌려서 엄마와 나의 좋았던 관계로 되돌리고 싶었다.

이번에는 202호 할아버지께서 완고했다. 엄마의 욕실은 서서 샤워를 하게 고정되어 있는데 앉아서 샤워를 할 수 있도록 고정대를 설치하겠다고 했다. 그렇게 하는 것이 할아버지 방식의 봉사였다. 나는 선의를 뿌리칠 수 없어서 귀가 안 들리는 엄마에게 고함쳤다 (어느 틈에 평소에 어디 있는지도 모른다던 보청기를 끼고 있는 엄마 발견). 엄마는 분명히 좋다고 했다.

드릴로 구멍을 뚫는 소리, 열어놓은 현관으로 사람이 지나가는 소리, 엄마가 틀어놓은 TV 소리.

오늘 엄마는 기분이 좋았다. 최내과에서 영양제를 맞고 저녁에는 아이들이 성년이 되기까지 다녔던 단골 돼지갈빗집에 가자고 보낸 문자를 읽은 모양이었다. 엄마는 외투를 입고 목도리를 두르고 지팡이를 짚고 정말이지 아장아장 걸어갔다. 엄마의 기분에 따라 나의 칼로리 섭취량은 고무줄처럼 늘었다 줄기를 반복했다. 엄마가 기분 나쁜 날엔 다섯 끼를 먹었다.

엄마의 못 3개가 그냥 못 3개가 아닐 때가 너무 많았다. 엄마의 표현대로라면 못 3개를 박기만 하면 되는데 그것이 하룻밤 사이 마음에 안 들고, 그 못만 보고 있으면 화가 나는 것이었다. 그런 엄마에게 화가 난 나는, 남은 정은 다 떨어지고 오직 인류애에 기대어 한 주를 보냈다고 생각했다.

찻집에서 1시간 20분 동안 영양제를 맞는 엄마를 기다렸다.
"확실히 최내과 영양제가 좋네. 맞고 나면 금방 걷는 데 힘이 나."
엄마가 말했다.

인류애고 뭐고, 오늘을 엄마와 나의 마지막으로 해두는 건 어떨까? 나머지 날들은 진짜 진짜 인류애.

엄마가 원하던 못 3개는 어쩌면 영양제였을지도 모른다. 비타민 D와 다정한 의료진들의 손길. 그리고 어쩌면 아프지 않고 오늘 밤을 잠들 수 있겠구나, 하는 안도.

작년 여름 엄마는 자발적으로 섭식을 줄였다. 줄이자마자 점점 식욕을 잃고 누워만 있었고, 마침내 걷지 못하게 되었다. 나는 모르는 척 3주 동안 세 번 간호사님을 집으로 모셔 와 영양제를 맞혀드렸다.

첫날엔 눈을 하얗게 흘기며 자신의 마지막을 방해하는 '적군(딸)'에게 비수와 같은 폭언을 쏟아냈다. 신기하게도 영양제를 맞은 다음 날은 식욕이 돌아오는지 엄마는 죽을 드셨고, 과일을 드셨고, 다시 일어나 걸었다.

사람은 누구나 마지막을 생각한다. 혼자 생활할 수 없다면 스스로 생을 마감해야지 하고 생각이 미치는 건 똑같을 것이다.
'마지막 잎새'와 같은 신호를 놓칠까 봐 나는 두렵다. 할 수 있는 모든 것을 하지 않는다면 미래의 자신에게 너무 미안할 것 같다. 나의 인류애는 엄마의 돌봄에서부터 시작한다.

힘낼 때까지 힘내서 수저를 들고

 엄마의 기분은 몇 개월 만에 처음으로 안정되어 보였다. 자신의 세계에서 걸어 나와 딸에게도 관심을 가졌다. 점심을 먹으라고 권하기도 하고, 앉아서 TV를 보며 침대에서 자리를 내주기도 했다.

 평소 같으면 전날부터 밀린 설거지를 해내면서 동시에 엄마의 점심을 준비하느라 바빴겠지만, 오늘은 집에서 만들어 온 함박스테이크가 있고, 가늘게 채 썬 오이무침도 있고, 간식으로 편의점에서 사 온 군고구마가 있었기에 조리 과정 없이 상을 차리기만 하면 되었다.

 방에서 엄마는 독백처럼 이렇게 말했다.

 "어디 힘낼 때까지 힘내보고 안 되면 할 수 없지."

 나는 안도한다. 그러면서 미소 짓는다. 어쩐지 익숙한 내용이다. 엄마 집 화장실 문에는 '전남대 박상철 교수'의 칼럼 복사본이 따스한 비데에 앉아 볼일을 보면 싫어도 매번 읽게 되는 위치에 붙어 있다.

 '노화는 죽기 위한 과정이 아니라 살아남기 위해 최선을 다하는 과정'이라는 내용이 알기 쉽게 잘 정리된 칼럼이다. 이 글은 책방 '지하 비밀 도서관'에 비치되어 있던 것을 한 장 얻어와 붙여둔 것이다.

'잘 살아야 잘 떠날 수 있고 두려움 없이 떠나려면 미련이 남지 않게 하루하루 최선을 다해야 한다'는 칼럼 내용을 마음으로 잘 곰삭혔다 무심결에 내뱉은 엄마의 말에 기운이 난다. 이렇게 또 한고비를 엄마는 넘긴 것이다. 삶에서 죽음으로, 죽음에서 삶으로 왔다갔다 마음이 오락가락한다. 그럴 때 한 장의 칼럼이 도움이 된다면 엄마를 살리는 글들로 도배를 해두고 싶다.

나와 엄마는 서로 탐색한다. 서로를 너무나 잘 알고 있기에 상처를 건드려서 늘 대화가 중단된다. 그 또한 엄마와 나는 잘 알고 있는데 피해 가지 못하는 것도 사실이다. 말을 아끼고 있다. 돌봄에서는 엄마와 딸의 고유한 관계도가 균형을 잃고 마침내 엄마가 의존하는 경우가 생기기에 더 어렵기만 하다.

'힘낼 때까지 힘내보고'라고 말한 엄마는 힘내서 수저를 든다.

이제는 소화가 안 되기에 잘게 찢은 버섯볶음조차 가위로 조각내 드신다. 얇게 썬 오이와 양파도 천천히 음미하며 드신다.

베란다에는 한낮의 햇살이 들어서 있고 나는 잊었던 목마름으로 물 한 잔을 벌컥벌컥 마신다. 나 또한 '힘내서' 오늘을 살아야 하기 때문이다. 바퀴가 달린 장바구니를 끌고 지하에서 지상으로, 계단에서 엘리베이터로 다니며 리듬을 타야 한다. 리듬이 꼬이면 투 스텝으로 혹은 잔걸음으로 걷어내 회복해야 한다.

무감각 슬픔은
자기돌봄 신호였다

 엄마의 기분은 나빠 보였다. 조간신문을 건네준 내게 신문을 던졌다. 나는 가끔 엄마를 돌보다 내가 먼저 죽을지도 모른다는 생각을 하는데 안타깝지 않다. 발달장애 아동을 둔 부모는 자신의 아이보다 하루 더 사는 게 바람이라는데 엄마보다 빨리 죽을지도 모르겠다는 생각이 드는 날엔 아무런 감정도 들지 않고 죽음만을 생각하게 된다. 나는 이것을 '자기돌봄 신호'라고 매뉴얼화했다. 이 자기돌봄 신호라는 것은 타인을 돌보기 전에 자신을 돌보라는 신호이다. 돌보는 사람이 아닌 자격으로 세상과 만나야 하는 시간이다.

 나는 앞치마를 풀고 엄마의 식탁과 부엌에서 멀어진다. 자신이 소중한 존재라고 느낄 수 있도록 친구들을 만난다. 보고 싶었던 영화를 본다. 식료품 코너에서 처음 보는 허브를 사서 샐러드를 만든다. 송로버섯이 든 치즈를 잘게 조각내어 음미하며 먹는다. 눈물도 흘린다. 그러나 처지를 비관하지는 않는다. 긴 잠도 청한다. 될 수 있는 한 많이 자둔다. 한 12시간쯤. 나는 회복한다.

엄마는 자신이 신문을 내게 던진 것도, 왜 던져야 했는지도 관심 없다. 오직 아픈 몸에 주의를 기울일 뿐이다. 먹지도 자지도 않고 앓아눕는다.

나는 제대로 된 먹을 것을 준비하기 위해 매일 장을 본다. 계절에 따라 다른 호박을 구입한다. 애호박, 단호박으로 반찬과 간식을 만든다. 감자로 샐러드와 간식을 만든다. 낙지로 볶음과 탕을 만든다. 그러나 평균 점수를 받는 건 언제나 시래기 된장국. 엄마의 소화 기능이 점점 떨어지고 있다.

하루에 한 번 정도는 맛있는 걸 해드리고 싶다. 그러나 엄마의 입맛은 유년 시절 할머니가 해주셨던 손맛을 기본으로 하고 있기에 따라갈 수가 없다. 할머니의 된장도, 고추장도 없다. 예전엔 맛나던 갈치도 꽁치도 사라졌다. 푸석푸석한 생선을 상에 두 번 내기는 틀렸다.

정서적 지지를 해야 한다는 건 말해 무엇하랴. 엄마는 당신 딸의 손으로 이루고 싶으신 게 많다.

손녀딸 소리가 좋아하는 열무김치를 만들기 원하고, 혼자 사는 아들의 마른반찬을 해주길 원하며, 홈쇼핑에서 파는 생활가전 제품을 원한다. 나는 쉬고 싶은데.

곱게 나오지 않는 말들. 어떻게 하면 나는 내가 될 수 있을까. 엄마에게는 요령부득하다. 편애한다고 화도 안 난다. 그저 연민. 연민할 수밖에 없다.

그러니까 엄마, 나는 완전 잘 살고 있다는 거지. 엄마 보기에 딸은 기대도 좋을 만큼 든든하다는 거지. 그럼 뭐 조금 기대든지. 그러나 반찬은 이제 사서들 먹자. 그 시간에 난 잠을 자고, 산책을 하고, 나에게 행복한 시간이 무엇인지 찾을래. 그래야 십 년. 이십 년, 삼십 년 매일을 한결같이 살 게 아니야.

10년 동안 빌려 쓴
그녀의 휴지

 나는 신경정신과 주치의 그녀를 신뢰한다. 그녀와 대화하고 나오면 유쾌해진다. 3개월에 한 번 졸피람 스무 알과 데파킨을 처방받으러 가는데 약의 효과는 차치하고 그녀와의 직문직답 시간이 중요하다. 그녀는 가족 모두의 주치의이기도 하다. 가족면담을 통한 종합 상담이 알코올로 고생하는 동생에게 효과가 좋다고 해서 한 번씩이라도 상담을 받았기에 그녀에게는 우리 가족의 데이터가 있다. 상담의 시작은 늘 똑같다. 창백하고 피로한 그녀가 엷게 웃으며 고개를 든다.

 "어떠셨어요?"

 "제가 점점 미쳐가나 봐요. 가끔 발작적으로 화가 나요. 숨이 막힐 때가 있어요. 화날 일이 아닌데도 화가 날 때가 있어요. 엄마처럼 될까 제일 걱정했는데 결국 엄마처럼 화가 많은 사람이 되나 봐요."

 내 이야기를 정신없이 키보드로 받아적다 정색을 하는 그녀.

"아니요. 그렇지 않아요. 어머님은 감정 기복이 더 심했어요."
"저는 동생이 이렇게까지 오랫동안 경제활동을 못 할 줄 몰랐어요."
창백한 얼굴이 심각해지며 천천히 위로하듯 말하는 그녀.
"동생분은 더 나빠지지 않도록 잘 유지만 되어도 좋은 거예요."
마침내 눈물을 보이는 나.
"엄마가 교통사고를 당하신 후 동생이 통원 치료를 모시고 다니는데 이젠 동생 것까지 2인분 점심 준비를 해야 해요."
나에게 티슈를 건네주는 반가운 얼굴 표정.
"정말요?"
기록하고 또 기록하다 고개를 들어 나를 바라보며.
"손자를 돌보시는 김에 조금 더 돌봐주세요. 이제 금방 자라요."
문을 닫고 나오면서 그녀의 휴지를 십여 년 동안 빌려 쓴 내가, 고마움과 신뢰와 함께, 내 슬픔을 알아주는 그녀에게 감사해한다.

"선생님 요즘 저 죽고 싶어요. 죽고 싶을 정도로 힘들어요" 하고 울다가 집으로 돌아와서 맛있는 저녁을 만들어 손자와 나누는 날이면, 그녀에게밖에 할 수 없는 비밀 이야기 한 트럭 분을 잠시라도 공감해 주고, 못 들은 것처럼 지워 주고, 객관적으로 분석해 주어서 균형을 만들어 주는 그녀에게 나는 많은 것을 빚졌다는 생각이 든다.
오래간만에 어린이대공원 숲길을 거닐며 그녀의 건강을 빌고 의사로서의 성실함에도 감사하는 밤. 그래 감사하기 좋은 밤이다.

나머지 50년을 선하게, 동원 씨의 빅픽처

1.

나에겐 남동생이 있다. 어릴 적 엄마는 일하러 나갈 때마다 이렇게 말했다.

"엄마가 없을 때는 누나가 엄마야."

우리 오누이는 엄마의 말을 믿고 역할에 충실했다. 그런데 나는 오십이 넘도록 남동생의 엄마 역할을 한다. 운동화가 떨어졌으면 운동화를 사주고, 반찬이 없으면 마른반찬을 해준다. 그런데 시간이 지나자 오십이 넘은 아우가 나를 존중하기 시작했다. 이상한 일이었다. 언제 터질지 모르게 사나웠던 그가, 한여름에 선풍기를 몇 개나 부숴야 했던 그가. 돈을 벌러 나가면 사고를 냈던 그가, 사고 수습 비용은 언제나 누나의 어깨에 기대야 했던 그가 이제는 술을 끊고 어렸을 때 빈집에 남겨진 오누이 시절로 돌아갔다.

나는 한동안 남동생이 미워서 똑바로 쳐다보지도 않았다. 그 아인

변했는데 내가 변할 준비가 안 되었던 것이다.

우리가 해맑았던 시절, 남동생에게 생일선물로 곰 인형을 선물한 적이 있다. 남동생은 새로 사준 곰 인형을 가리키며 이렇게 말했다.

"누나, 곰 인형에 입이 있으면 말을 할 것 같지?"

"그래" 하고 내가 대답했다.

2.

'치매에 대한 편견을 바꿔야 해. 감기 걸리면 방에 습도 조절하고 약 먹고 쉬고 하는 것처럼 치매도 그렇게 접근하는 게 좋아. 부정만 한다고 대책이 서는 게 아니니까'라고 왜 남동생에게 다정하게 설명할 수 없는 걸까.

마포구보건소에서 마음건강검진을 실시하고 있으며 스트레스, 우울감 등 기타 심리적인 어려움이 있는 경우에는 3회차까지 상담이 무료 지원된다는 걸 알려주려고 전화했는데 남동생은 전화기 저편에서 대뜸 화를 냈다. 생각해 보니 나도 화가 났다.

"그럼 가족에게 알리지 누구에게 알리니? 엄마 독감 주사 맞은 것 너희들이 관심 갖게 문자하는 마음을 몰라주면 누가 아는데? 만약 할머니처럼 밤에 나가서 길 잃어버리면 이런 경우 마포 내에 등록이 되어 있어야 빨리 찾지? 준비하는 게 뭐가 나빠. 치매 교육을 받으려고 난 40시간 앉아 있었어. 그런데 엄마에게 그런 혜택을 못 받게 해서는 안 되지. 엄마 혼자 주무실 때 혹시 넘어지지 않을까, 무서운

헛것 보는 게 아닐까 살피는 게 우리 도리지."

남동생은 내 기세에 밀려서 아무 말도 못 했다. 자신의 눈에는 엄마가 아직 괜찮은 것으로 보이는 것이었다.

"엄마가 요양원 안 간다고 하니까 그때 가서 똥오줌은 내가 치우면 되잖아."

"그게 아니지. 엄마가 요양원 가지 않게 돌아가실 때까지 당신 댁에서 생활하실 수 있도록 우리가 잘 돌봐드리자는 이야기야. 스스로 드시고, 스스로 볼일 보시고, 스스로 씻을 수 있도록 말이야. 하루 종일 우울해서 방 안에 가만히 앉아 계시기만 하면 다리 근육이 다 빠져나가잖아. 걷지 못하면 그때는 눕게 되는 거야."

"알겠어. 내가 일주일에 몇 번 산책시켜 드리면 되는 거지?"

남동생이 말했다.

3.

수년 전의 일이다. 알코올 치료를 마치고 퇴원한 남동생이 고등학생이었던 자기 아들 아침밥에 공을 들이며 보내던 나날 중 어느 하루였다. 엄마가 내 흉을 보자 남동생은 이렇게 말했다고 한다.

"그분은 그럴 분이 아니에요."

그때 엄마는 하려던 말을 중단했다고 한다. 세상에 두고 먼저 갈 수 없을 정도로 아픈 아들이고, 제일 사랑하는 아들이 하는 말에 내심 안도했다고 한다. 하나밖에 없는 누나와 사이좋게 지내야 하니까.

남동생은 엄마의 노화를 받아들이는 데 느긋한 경우가 많아서 한 해 전까지만 해도 엄마의 돌봄에 전혀 움직이지 않았다. 그랬던 남동생이 엄마가 추석 전 교통사고를 당하자 엄마의 간병인으로 2주 동안 병원 생활을 하게 되었다. 병원 수속을 마치고 보호자는 코로나 검사부터 해야 했다. 나는 코로나 검사비를 낸 후 남동생에게 말했다.

"검사하고 와."

"내가?"

"그럼. 난 아이 학교 보내야지."

휠체어에 탄 엄마를 밀고 가는 남동생의 뒷모습이 병원 엘리베이터 속으로 사라졌다. 그날 이후 엄마의 정기 진료일 병원에 모시고 가는 일은 남동생 담당이 되었다.

귀도 안 들리고, 지팡이를 짚지만 위험해보일 정도로 휘청거리는 노인을 모셔본 적 없는 초급 간병인 남동생은 진료 대기실에서 기다리는 동안, 약국으로 이동하다가 한참을 거리에서 쉬는 동안, 약국에서 의사처방에 든 약이 없어 전화로 약 변경을 하는 사이사이 가족 단톡방에 알림을 보내왔다. 덕분에 나는 안심하고 근무를 할 수 있었다. 우리 집 사정을 아는 후배는 감탄했다.

"동원 씨가 진짜 큰일 했네요!"

"응. 지금 51살이니 100살까지 산다면 동원이는 절반의 인생이 선하겠어. 다행이야, 정말."

네 번의 알았어와
돌봄의 기술

 남동생에게 엄마 점심을 부탁했다. 재가방문 돌봄이 끝나면 마포 영유아센터 '시소와그네' 운영위원 회의가 있어서 참석하기 때문이었다. 남동생은 매주 화요일, 목요일마다 한의원에 엄마를 모시고 다니고 있기 때문에 부탁을 한 것이다.

 "엄마 점심 부탁해. 일 끝나면 운영위원 회의가 4시에 있어서 참석해야 하거든."

 분명히 알았다고 했는데 가족 단톡방에는 2시쯤 자기 집으로 돌아간다고 문자가 와 있었다.

 "왜 이렇게 일찍 갔어. 엄마 점심 두세 시쯤 드신다고 했는데…. 밥도 해서 함께 먹지. 엄마 혼자 드시면 맛없지. 말동무하면서 이것저것 챙겨드리면 귤도 하나 정도는 드시는데…."

 "엄마가 배 안 고프대서."

 "엄마 배고플 때까지 기다려야지. 엄마 점심은 두세 시라고 했잖아…. 내가 말 안 해도 냉장고에서 썩어가는 음식 버려주면 누나가 그만큼 쉴 수 있지(엄마의 냉장고는 철 지난 옷을 넣어둔 것처럼 가구가 되어 버렸다. 당신은 물 이외의 반찬통은 잘 열어보지 않는다). 누구의 엄마고, 누구의 할머니인지 책임감을 가져야 해. 누군가 하겠지가 아니라 보이는 일, 주어진 일만 하는 게 아니라 잘 기억해 두었다가 찾아서 하는 거야. 화장실 청소, 걸레질, 냉장고 청소가 바로 사랑하는 일이야."

"알았어. 내가 냉장고 청소할게. 쓰레기는 항상 내가 버리고 있잖아. 오늘도 버리고 왔는데…."

"빵도 군고구마도 점심 대신 먹을 수 있잖아. 그런 융통성이 있어야 해. 누나가 왜 간식을 사 왔겠니. 엄마 요즘 이상한 행동하잖아. 밥을 보온밥통에 안 두고 찬밥으로 드시니까. 먹기 불편하겠다 싶어 빵도 사 온 건데. 밥 안 드시고 그냥 지쳐서 잠만 주무셔."

"알았어."

"네가 두세 시까지 잘 관찰하고 있다가 어제 만든 고등어 김치찜 끓여서 드려야지. 아이들 키울 때를 생각해 봐. 따스한 밥 먹이고 싶지? 다음 주엔 그런 마음으로 와주렴. 배 안 고프다고, 아이들이 안 먹는다고, 애들 밥 안 주지 않아. 때 되면 조금이라도 먹이지. 알겠지? 누나가 쉽게 풀어서 말하는 이유는 다른 남자 어른도 자신의 부모돌보기에 어려움을 느끼기 때문이야. 보편적으로 어려워하는 행동이기에 잔소리 같아도 차근차근 알려주는 거야. 몸에 익히면 도움이 될 거야. 타인을 돌보는 일은 해보지 않으면 모르는 게 많아. 하지만 몸이 한 번 기억하면 사람을 이해하고, 사회생활 하는 데 필요한 감성지수도 높아지지. 듣고 있지? 열심히 자신의 삶을 살며 시간을 쪼개서 할머니를 돌봐야 해. 침묵하고 무감동하고 상상력 없이 살다 보면 미래 너희는 무엇에 기대고 살래? 누군가 보살피고 지켜야 삶은 반짝이는 거야. 혼자 잘 살면 행복할 것 같아? 그런 사람으로 나는 키우지 않았어. 이 시간을 놓치지 마. 다시는 돌아오지 않아. 기회를 놓치잖아? 그럼 나중에 외로워하게 될 거야. 왜 그때 한 번 더 가보지 않았을까. 시간을 되돌리고 싶어도 되돌릴 수 없어. 미래를 미루어 생각하기. 여러 번 반복해도 부족하지 않아."

"알았어."

"이제 집 오면 밥통부터 체크해야 해. 밥 없으면 두 공기나 한 공기 반쯤 쌀 씻어서 앉혀드리자. 팔다리 좀 봐. 너무 야위었지? 요즘 뉴케어 하나씩 드시지만 밥도 꼭 드셔야 해. 엄마 집 올 때는 편의점 도시락 사 와서 먹으면 점심은 해결되겠나."

"알았어."

돌봄의 기술을 전수하는 동안 남동생은 '알았어'를 네 번 해주었다.

회의에 참석하기 전 엄마에게 들러 점심을 차려드린 후 욕실에서 걸레를 빨다 물벼락을 맞았다. 수도 변환되는 버튼이 고장이 나 샤워기에서만 물이 나오는 걸 몰랐다. 아파트 관리실에 전화를 했으나 계속 통화 중이라는 안내만 나왔다. 일정 알람에 '관리실 전화' 하기를 메모하고 회의 장소로 이동했다.

나는
엄마의 요양보호사입니다

국악방송에 출연한 적이 있다. 아나운서의 질문에 내가 대답하자 그녀는 자신의 방법대로 이해하며 이렇게 말했다.

"맞아요. 저도 요리학원을 다닌 적이 있는데 지금 생각하면 부엌에 8시간 서 있는 연습을 한 거였어요."

나는 그녀의 총명함에 반해서 언젠가 그녀의 말을 인용하고자 메모를 해 두었다.

요양보호사로서 타인을 돌보는 일은 일종의 수행이고 투쟁이다. 가족돌봄과 육아를 경험하는 것은 그 자체로도 힘든 수행과 투쟁이겠지만, 직업인으로서의 피요양인을 잘 돌보기 위한 훈련의 기회가 되기도 한다. 요양보호사로서 가장 중요한 훈련은, 기술이 아니라 고된 시간을 견디는 힘과 마음을 다잡는 부분이다. 그러기 위해선 게으른 마음이 들지 않게 자신을 다스리며 '돌봄 루틴'을 만들어 가는 것이 참으로 중요하다.

나는 아침 7시에 일어나서 초등학생 정명이를 학교에 보낸다. 아이가 학교에 가면 준비를 하고 재가방문을 하러 출근한다. 세 시간의 재가방문은 산책, 목욕, 점심식사, 간단한 청소 돕기로 알차게 진행된다. 다행히도 재가방문은 2층이고 엄마는 9층에 살고 있다. 엘리베이터를 타고 이동하면 바로 엄마의 점심시간이다.

처음에는 볶고, 삶고, 끓이는 등 부엌에 서서 대부분의 시간을 보냈지만, 요즘은 한 끼 식사 준비를 위해 반조리 식품을 가지고 오거나 수제 밀키트를 만들어 와서 물만 붓고 된장찌개를 끓이거나 전자레인지에 김치찜을 데워서 드린다.

입맛이 변해서인지 잘 드시던 된장찌개를 해놓았는데도 배 안 고프다, 점심 안 드시겠다고 하면 가볍게 드실 수 있는 것으로 우회한다. 간식으로 싸 온 군고구마나 찐 단호박을 드릴 때도 있고, 으깬 찐 감자로 만든 샐러드에 파일을 내기도 한다. 양념간장에 구운 김으로도 한 끼 식사가 되고, 때로는 따스한 밥에 달걀프라이와 마가린을 넣고 비벼 드시기도 한다. 한동안 입맛이 까다로운 엄마의 끼니 준비로 힘들어했으나 이 과정도 지나갔다. 안 드시겠다고 하면 미련 없이 다른 식단으로 바꾸는 순발력이 생겼다.

엄마의 애매한 신호를 능숙하게 해석하여 부엌에서 음식 장만으로 응답하기도 하고, 좌식 생활을 불편해하는 기미를 포착하여 의자 생활로 바꾸어 주기도 했는데, 그러는 동안 엄마는 조금씩 회복했다. 국악방송 아나운서의 말대로 부엌에서 서 있는 연습을 충분히 한 덕분이다. 까다로운 식성을 대비해 다양한 메뉴로 신속하게 대응할 수 있다는 건 베테랑 의사의 다양한 처방과 노련한 실력에 견줄 수 있다. 엄마는 조금씩 힘을 얻고 결국 다시 일어나 걷게 되었다.

이 과정에서 나는 소위 말하는 '신체화 장애', 즉 수년에 걸쳐서 다양한 신체 증상과 통증을 반복적으로 호소하지만 내과적으로는 아무런 이상을 발견하지 못하며, 심리적 스트레스가 주원인으로 알려져 있다는 그 증상을 겪었다. 돌이켜 보면 관심과 사랑을 필요로 하는 과정이었던 것이다.

내가 요양보호사로 활동하면서 글을 쓰는 동안 엄마가 노화하는 과정을 함께 겪었다. 가정생활로 경력이 단절되었거나 직업 선택에 제약을 받았다고만 할 수 없는 것이 요양보호사를 하지 않았으면 노화 과정을 인정하지 못하고 엄마와 성격이 맞지 않는다고만 했을 것이다. 나이 들어보지 않으면 모를 감정의 변화와 몸의 변화를 요양보호사 업무를 통해서 배우고 실제 돌봄으로 다양한 사례를 경험함으로써 엄마를 이해하는 데 많은 도움이 되었다.

돌봄에서 가장 중요한 것은 무엇일까 가끔 생각해 본다. 답은 순간마다 달라진다. 매 순간 환자의 필요에 의해 돌봄의 구성은 변하는 게 맞다. 우리의 질병 서사는 초기, 중기, 말기로 구분하는 것처럼 절대 깔끔하게 떨어지지 않고 뒤죽박죽이라고 『케어』의 저자 아서 클라인먼은 말하고 있다.

신들의 교실에 들어서다

『동경 인연』과 『오래 울었으니까 힘들 거야』 그리고 『나는 신들의 요양보호사입니다』는 나의 돌봄 3부작이다. 자신을 돌보고, 가족을 돌보고, 마침내 타인을 돌보는 과정을 기록함으로써 삶의 고비를 넘길 수 있었다.

『나는 신들의 요양보호사입니다』(이하 나신요)의 차례를 보면 '돌봄이라는 세계'에 입문하게 된 과정을 알 수 있다. 요양보호사로 활동하는 일과를 쓴 '요양원에서의 하루'가 1부이고, 2부는 '봉사자에서 요양보호사가 되기까지'로 요양보호사가 되는 과정을 소개하고 있으며, 3부 '데이케어센터에서의 하루'와 4부 '재가방문의 날들'은 실습을 하면서 만난 사람들과 활동에 관한 이야기를 담고 있다. 5부 '나는 요양보호사입니다'는 요양보호사로 활동하면서 요양보호사의 처우 개선 문제나 시스템의 문제를 그렸으며, 요양보호사가 되려는 사람들에게 주는 정보와 부모님을 요양시설에 부탁한 자식들이 가져야 할 태도를 담고 있다.

보호자와 어르신들이 무리한 요구를 할 때는 잘 거절할 수 있어야 한다. 복지센터의 도움을 받아야 한다. 재가방문 서비스에서도 감정 변화가 많은 어르신들이 아무 이유 없이 내일 나오지 말라며 해고 통지를 해도 안정적으로 직장생활을 유지할 수 있어야 좋은 돌봄이 나온다. 처우 개선이 필요할 경우 목소리를 내야 한다. 때로는 성인지 감수성이 없는 분들과 맞서야 할 때가 있는데 그럴 때 명확히 선을 그어 '아니다'라고 하는 연습, 자신을 보호하는 연습, 거절하는 연습을 해야 한다. 또한 그런 상황을 해결할 수 있도록 복지시설에 요구할 수 있어야 한다. 자긍심을 가져야 한다.

어린 손자와 노모와 수험생 조카와 아픈 동생이라는 가족 구조 속에서 경력단절 여성으로서 요양보호사 공부를 하면서 눈을 반짝이며 새롭게 배운 지식을 노트할 때의 기쁨을 잊지 않고 있다. 교육원에서 수업을 받다 점심 도시락을 먹으며 편마비로 고생하는 남편을 더 잘 돌보고자 공부하러 온 여든네 살의 선배님 이야기를 들었을 때, 돌보는 마음 자세를 깨달았다.

치매환자는 매시간 시들어 가는 꽃과 같다.

이 문장은 『나신요』에서 치매 어르신들과 함께 생활하면서 쓴 내용이다. 요양원에서의 낮과 밤을 보내면서 여덟 명의 뮤즈 이야기를 풀어갔는데(어르신들을 제우스와 뮤즈라고 부르는 이유는 누군가의 소중한 엄마, 아빠였고, 삶의 전쟁터에서 혼신을 다해 살았고, 나의 뮤즈, 나의 제우스로 관계를 맺으면 돌보는 손길이 좀 더 다정하고 공손해지기 때문이다) 하루는 뮤즈들의 발 마사지를 해드리는 동안 곁에서 뜨개질을 하던 뮤즈가 나에게 머리띠를 선물한 일이 있었다. 눈도 어둡고, 몸도 아픈 뮤즈에게서 손으로 뜬 머리띠 선물 받으리라고는 상상도 못 했기에, 그 순간 하얀 머리띠 앞에서 속절없이 눈물이 났던 걸 기억한다. 여든여덟의 뮤즈 앞에서 땀 대신 눈물을 흘렸던 걸 소중한 기억으로 간직하고 있다.

요양원에서는 내가 어떻게 나이 들어야 좋을지 보여주었던 뮤즈도 있었다. 아흔여덟이 되어서까지 스스로 걸어서 화장실에 다녔다. 밤에만 사용했던 기저귀를 갈아드리느라 새벽에 살짝 흔들어 깨워 기저귀를 갈고 나면 늘 고맙다고 했다. 그렇다. 나는 그녀처럼 늙고 싶다. 스스로 화장실에 가고, 스스로 음식을 씹고, 그녀처럼 돋보기로 책을 읽고 싶다.

요양원과 데이케어센터에서 3년 동안 일하며 써 내려간 일상은 한 권의 책이 되었다. 나의 삶은 늙은 노모를 모셔야 하고, 또 병에 걸린 남동생의 조카들을 돌봐야 하고, 조카딸의 아이를 돌보는 등 돌봄의 회오리 속에 갇혀 있었지만 나만의 글쓰기를 통해 삶을 견뎠다. 그리고 그 삶은 곧 문학이 되고 예술이 되었다.

나도 언젠가는 이들 뮤즈와 제우스의 자리에 있을 것이다. 갈아주기 전까지는 축축한 기저귀에 몸을 맡겨야 할 것이다. 누군가 내 입안에 숟가락으로 죽을 넣어주기 전까지는 목이 마른 것도 견뎌야 할 것이다. 누가 내 손과 발을 어루만져 주기까지는 담요 밖으로 갑갑한 발을 빼내지도 못할 것이다.

이 글은 『나신요』의 도입부분에 속하는데 많은 분들이 밑줄을 그어주시며 공감했다고 한다.

체중이 많이 나가는 제우스와 뮤즈는 좀 힘이 들었던 것 같다. 실제로 허리를 다치기도 했고, 마침내 요양원에서 재가방문으로 일자리를 바꾸게 된 여러 요인 중 하나가 되었다. 기저귀를 갈아주려고 몸을 밀 때 밀리지 않으려고 버티는 힘이 요양보호사의 허리에 충격을 준다. 그럴 때 기저귀를 눈앞에 들이밀면서 "저 기저귀 갈게요" 하고 말하면 알아서 몸을 돌려주는 뮤즈와 제우스도 있다. 반대로 어떤 분들은 본능적으로 '왜 내 몸을 밀지?'라고 생각해서 버티는데 그때 충격이 엄청나다. 그래서 환자 되는 연습, 돌봄 받는 연습, 그런 매뉴얼이 있어야 한다고 생각하게 되었다. 요양보호사는 돌봄 매뉴얼에 따라 기저귀 갈기 전에 미리 말씀드린다.

"지금 기저귀를 갈 거예요."

목욕할 때도 옷 벗는 게 싫다고 할퀴는 분도 있다.

"지금은 목욕할 시간이에요. 이제 머리를 감을 거고, 다음은…."

차례로 다 설명을 한다. 그럼 그 다음 손길은 어떻게 올 건가, 예측을 하게 된다. '아, 내 머리를 만지겠구나, 귀를 청소해야 하는구나, 면도를 하는구나' 하고.

이렇게 말로 소통하는 연습이 실제로 너무 소중하다. 언젠가는 우리 모두 돌봄의 영역에 들어가야 하니까 미리 도움의 손길을 정중히 받아들이는 마음의 연습이 필요한 것이다.

『케어』에서 아서 클라인먼은 타인의 아픔을 돌보는 일은 곧 자신을 돌보는 일이라고 했다. 나도 뮤즈와 제우스, 엄마와 조카들, 손자와 이웃을 돌보면서 얻은 것이 있다면 '살아갈 수 있는 용기'였다. 아무것도 할 수 없을 것 같은 무기력이 찾아와도, 모든 비용을 돌봄에 써버리고 노후를 준비하지 못한 불안으로 잠 못 이루고 뒤척였다가 아침에 일어나면 부지런히 몸을 움직일 수 있었던 나날들이 모여 삶의 의지를 만들었고, 돌봄에 대해 이야기할 용기를 얻었다.

돌보는 마음이란 무엇일까? 이러다가는 끝이 없겠다고 낙담할 때는 어떻게 해야 할까? 가진 것을 다 잃은 기분이 들고 정신까지 탈탈 털리기 전에 몸의 신호, 마음의 신호를 알아차릴 방법은 없을까? 돌봄 시스템과 돌봄 네트워크가 잘 연결되어 독박 돌봄, 가족 내 돌봄으로 더 이상 헌신과 희생을 강요당하지 않고 살 권리를 추구하려면 어떻게 해야 할까?

이런 수많은 질문을 얻은 것만으로도 나의 돌봄은 진일보했다고 생각한다. 돌봄이란 돌봄 이후의 시간, 돌봄 이외의 시간도 대상자를 돌보는 마음 씀씀이기 때문이다.

치유의 문학,
문학의 치유

> 그는 이미 회피할 수 없는 기억들이 감정을 자극하지 않도록 냉정하게 생각하는 비결을 터득하고 있었다.

내 방 벽에 적혀 있었던 마르케스의 『백년의 고독』 일부분이다. 이 문장은 6년 동안 나를 지켜주었다.

다음은 15년 동안 수첩 맨 앞에 적었던 문장이다. 병든 엄마와 입원 중인 남동생 대신 조카들을 돌보면서 나 자신을 지키고자 내린 자가 처방이었다.

> 인생의 무게를 이겨낼 방안은 그 무거운 짐을 지면 된다.

마침내 자가 처방도 듣지 않게 되었고 영혼은 울부짖기 시작했으며 정신을 차리고 보니 우울증 약을 삼키며 간신히 견디고 있었다.

문학이 인생의 전부라고 생각했던 나는 이러다가 글은 써보지도 못하고 인생을 마무리하겠구나 기다리지 말고 쓰자고 마음먹었다.

도스토예프스키의 『죄와 벌』의 세계는 현재의 나를 만드는 데 많은 영향을 주었다.

살 가치가 없는 사람은 죽여도 살인이 아니라는 가치관을 가진 청년 라스콜니코프가 나온다. 라스콜니코프는 전당포 노파의 돈을 가난한 사람들에게 나누어 주는 게 낫다고 생각하며 다락방에서 노파 살해를 계획한다. 고향에서는 어머니가 아들의 출세를 도울 만한 남자에게 청년의 여동생 두냐를 시집보내려고 한다는 구구절절한 편지를 보내온다. 한편 살아 있어도 죽은 것과 같다는 술주정뱅이 마르멜라도프는 딸 소냐가 몸을 팔아 번 돈으로 술을 마셔 버린다. 의붓딸 소냐가 몸을 판 돈으로 자신의 자식들을 먹여야 하는 슬픔을 지닌 여성 카체리나가 있고, 살인자 라스콜니코프를 따라 시베리아 유형지에 동행하는 소냐가 있다.

『죄와 벌』은 인간에 대한 연민으로 가득 차 있는데 이 책을 읽으면서 짙은 동질감을 느꼈다. 경력단절 여성에서 요양보호사 교육원에 등록하기까지 돌봄으로 가는 길을 선택한 것은 어쩌면 자연스러운 결과인지도 모른다. 돌봄 또한 연민으로 가득 차 있기 때문이다.

경기시민연대에서 요양보호사 선생님들에게 글쓰기 강좌를 지도할 때의 일이다. '기록 전달자'로서 한계를 느꼈다.

돌이켜 보면 오십이 넘도록 나 또한 글쓰기의 노력이 실패로 돌아갈 때가 많았다. 아마 원고를 완성하지 못했던 수강생들도 어디에선가 자신의 이야기를 기록하고 있을 것이다.

글쓰기 강좌를 하면서 만족할 만한 결과물을 얻을 수 없었을 때 강사로서 위로가 되었던 글이 있다. '프루스트 입문서'를 번역하면서 참고 자료로 읽은 글인데 다음은 그 요약이다.

> 자기가 느끼는 것을 언제나 감추려고 작정하고 있는 우리는, 그것을 어떻게 표현하면 좋을지 단 한 번도 생각해 본 일이 없는 터이다.

자신의 감정을 숨기고 바쁘게 살았던 우리는 글쓰기를 할 때 서두르지 말고 천천히 내면의 고백과 만나야 한다. 글쓰기로 '실패할 기회'를 많이 가져야 자신만의 글이 나오기에 실패할 기회를 주는 것도 한 방법이고 치유라고 생각한다.

주 1회라든가 한 달에 1번 만나서 글쓰기를 배운다는 생각은 어쩌면 너무 낭만적인지도 모른다. 대부분 글을 쓴다고 하면 매일 써야 하는데 쉽지가 않다. 그때 도움을 받았던 책이 있다.

독학 글쓰기 교재라고 해도 좋을 줄리아 캐머런의 『아티스트 웨이』(경당)이다. 매일 쓰고, 매일 자신과 데이트하라는 것이 주요 내용인데 12주 동안 과정을 진행할 수 있어서 소규모 모임에도 자주 쓰고 있다.

'프루스트 입문서'를 번역하면서 느낀 또 다른 감정이 있다. 돌아가신 할머니를 뵙고 싶어서 요양보호사가 되어 요양원에 가게 된 내가 『나는 신들의 요양보호사입니다』를 쓴 것은, 프루스트가 자신의 삶과 자신의 존재를 반성하면서 잃어버렸다고 여겼던 과거를 되찾으려 『잃어버린 시간을 찾아서』를 쓴 것과 비슷한 맥락이 아닐까 생각했다.

가족을 돌보면서, 요양보호사로서 어르신들을 돌보면서 겪은 마음의 짐은 문학이 치유했고, 그런 과정들이 쌓여 누군가에게 힘이 되는 치유의 글이 되었다. 돌봄과 문학은 나에게 새로운 삶을 선물했다.

돌봄 받는
능력

 낙상 사고 후 2주 만에 엄마와 목욕을 했다. 아직은 통증이 있지만 목욕을 해야 아픈 곳도 씻겨나갈 것 같다는 엄마를 위해 목욕 준비를 했다.

 이동변기에서 변기통을 뺀 후 본체를 반대 방향으로 돌려서 세면대 앞쪽에 놓았더니 미용실 머리 감는 곳처럼 누워서 머리를 감을 수 있게 되었다. 엄마를 이동변기 본체에 앉히고 머리를 뒤로하고 엄마의 주문대로 세숫비누로 박박 감겨준 후 샴푸를 했다.

 엄마는 목욕을 할 때 보청기를 빼는데 그날그날 청각 능력이 변하기 때문에 목욕을 하면서 엄마와 얘기를 나누기 위해서는 고래고래 소리를 질러도 보고 귓속말로도 해야 했다.

 목욕봉사는 참으로 힘이 많이 든다. 머리만 감겨준 것뿐인데 허리가 벌써 아파왔다.

바디샴푸로 간단하게 목욕하는 것을 싫어하는 엄마의 몸 구석구석을 이태리타올로 비눗칠을 하자 잠자고 있던 각질이 일어났다. 간단한 샤워를 생각했던 내 예상은 이미 빗나갔고, 엄마 몸에 손을 댈수록 내 앞에는 2주 동안 묵었던 때가 쌓여갔다. 허리 통증을 참는 내가 점점 말이 없어졌다.

엄마가 센스 있게 내 쪽으로 손을 뻗어주길 바라면서 엄마 어깨를 이태리타올 낀 손으로 톡톡 두드렸다. 엄마는 무슨 뜻인지 몰라서인지 긴장해서인지 팔꿈치를 잔뜩 구부리고 가만히 있길래 그냥 내가 엄마 팔을 잡아당겼다. 엄마가 팔을 구부린 채 있으면 내가 점점 더 엄마 쪽으로 허리를 구부려야 해서 통증이 심해진다.

"엄마 이럴 때는 손을 펴주는 거야. 이렇게. 내가 강의자료 주고 갔지? 〈돌봄 받는 능력〉이라는 자료. 거기에 나오잖아. 목욕 받을 때 요양보호사 허리 안 아프게 도와주는 방법."

참으로 신비하다. 기대 안 했는데 기대를 내려놓을 때마다 내 말을 알아들었다. 오늘은 청력이 좋은 날이었나 보다. 그런데 그건 그거고 내 허리는 아쉽게도 신비하지 않았다.

"응. 이렇게?"

"그래. 맞아. 그렇게. 그리고 어떤 분이 자기 엄마를 돌보는 요양보호사가 집에 와서 가만히 있기만 한다고 불평을 해서 내가 말했지. 요양보호사는 하루 종일 돌봄노동을 하려면 에너지를 나누어서 써야 하는데 한 집에서 다 쓰고 나면 다음 돌볼 어르신에게는 좋은 돌봄은 할 수 없다고 말이야."

과연 엄마가 듣고 있는지 몰랐지만, 때때로 들리는 말만 조합해서 이야기를 듣는 신비한 능력에 기대며 말을 이어갔다. 허리는 끊어질 것 같았다.

"여기도 때 나온다."

엄마는 숨어 있는 내 말뜻을 알아듣는 건지 아닌지 2주 동안 묵었던 때가 벗겨나갈 때 그 시원한 맛에 흡족해하며 때에만 집중했다.

"오늘은 여기까지만 밀고 멈춰야 해 엄마. 욕심부리고 목욕 오래 하면 나갈 때 다리 풀려서 위험해."

끝까지 해야겠다에 목숨을 건 엄마에게 미온수에서 찬물 쪽으로 수도꼭지를 살짝 돌렸다.

"아잇. 차가워. 나쁜 년."

"하하하. 그래야 때가 안 나오지. 오늘 목욕 끝~"

끝내 허리 아프다는 말은 하지 않았다. 큰 타올로 물기를 닦아주고 안방으로 이동한 후 몸무게를 체크했다. 이상 없음. 그 많은 때들의 무게는 어디로 간 거지?

'조금 더 버텼다가는 딸이 주저앉아서 허리 아프다고 뒹굴 뻔했어, 엄마. 그리고 엄마, 돌봄 받는 능력을 잘 익혀서 어떤 요양보호사를 만나더라도 사랑받아요. 딸의 사랑은 물론 다른 누구의 손길을 받더라도 돌봄 받는 기술을 익히면 서로 조금 더 행복해요.'

다시 욕실로 가서 이동변기를 닦고 원래대로 조립했나, 화장실 청소를 꼼꼼히 마무리했다. 개운한 엄마는 안방에서 나와 베란다 의자에 앉아서 머리를 말리고 있었다.

사랑을 주세요

인생은 신비입니다. 제 곁에는 암 말기로 투병 중인 후배 아버지가 마지막으로 거둔 꿀이 있습니다. 여든아홉 노인이 캔 여기저기 호미 자국이 있는 고구마가 여기 있습니다. 몸이 불편하여 외출을 못하는 친구 어머니께 모나카 한 상자를 보내기 위해 엽서를 씁니다.
　엄마에게 필요한 비데를 인터넷으로 주문하고 설치기사가 오는 수요일에는 또 어떤 불평을 들을까요. 저는 들을 준비가 되어 있습니다. 통증으로 고통받는 마음을 알기 때문입니다. 바라는 게 있나면 제가 화내지 않고 엄마의 입장이 되어 고민하고 이야기 들어줄 수 있는 여유입니다. 인생에 대한 적대감과 울분이어서 그렇지 절대 저를 향한 화살이 아니라는 것을 잊지 않으려고 합니다.
　그러기 위해서 가을비 내리는 일요일 저녁은 선풍기를 분해하고 청소해서 다시 조립하며 마음을 수련합니다.

그 옷
나 줘

영하 19도를 오가는 추위 속에서 바퀴 달린 장바구니를 끌고 장을 본다. 슈퍼마켓을 한 바퀴 돌고, 또 한 바퀴 돌아도 마땅히 해 드릴 게 없다. 요즘은 자주 체해서 드시는 것 자체를 두려워한다.

이틀만 제대로 안 드시면 걷는데 곧바로 이상이 온다. 기운이 없어서 계속 누워 있고 잠만 주무신다. 문어숙회를 들었다 놨다 하다가 장바구니에 넣는다. 가격 1만4천 원. 한 끼로는 양이 많다. 두 번 드리면 내일 먹겠다고 냉장고에 넣어두고는 잘 안 드신다. 그래도 반이라도 드시면 다행이다. 하루에 한 가지씩 입맛에 맞는 음식을 드리기로 했다.

반찬가게도 잘 이용하면 누워 있던 엄마를 일어나 앉게 하는 반찬을 고를 수 있다. 고추양념찜과 곤드레나물이 그렇다. 이렇게 변해가는 엄마의 입맛을 잡기 위해 여러 가지 노력을 하는 것은 내가 요양원에서 근무했기 때문이다.

요양원에 입소한 엄마에게 아무리 잘해드리려고 해도 한계가 있으니까 가능한 한 집에서 모실 때 한 가지라도 더 맛있는 음식으로 기운을 북돋우게 해드리는 것이 중요하다.

당신 마음대로 TV를 보고 싶으면 보고 불을 켰다끄기를 자유롭게 할 수 있으니까. 그것이 엄마가 원하는 일상이라면 할 수 있는 한 돕고 싶다.

문어숙회를 얇게 썰어서 초고추장에 드렸더니 맛있게 드셨다. 문어숙회는 양은 작아 보여도 한 접시 드시면 저녁까지 든든해서 좋다. 간식으로는 군고구마와 삶은 달걀을 탁자에 놓아드리고, 나이 들면 입이 자주 마르니까 침이 생기게 쓴 홍삼도 드려서 침이 많이 나오게 한다. 입안의 침은 소화 작용을 도와주니까.

찌개를 끓이다 냄비를 새까맣게 태운 이후 엄마는 가스레인지 사용을 잘 안 하게 되었다. 두려운 것 같았다. 드실 만큼만 국그릇에 담아서 전자레인지에 넣고 데워 드시노록 하는데 문제는 국이나 찌개의 양은 그렇게 정량만 만들 수 없다는 점이다. 다이소에서 보온, 보랭용 가방을 사서 하루 분량의 찌개나 국을 끓여 가져다드리기로 했다.

이번에 안 사실인데 엄마는 국이나 찌개 같은 국물 음식을 안 좋아한다. 엄마는 안 좋아하는 걸 표현하지 않고 대충 잘도 드시고 사셨구나. 그렇다고 좋아하는 나물을 드려도 예전처럼 맛있어하지 않는 걸 보면 입맛은 인생 주기를 두고 수 차례 바뀐다는 사실을 알

수가 있다.

그렇다면 다른 욕구는 어떻게 변할까.

엄마를 돌보는 친구들의 의견을 들어보면, '예전의 엄마가 아닌 것 같다'와 '우리 엄마가 아닌 다른 엄마 같다'는 말을 자주 듣게 된다. 그것은 알고 있던 엄마와 현재의 엄마, 그리고 변해가는 엄마의 접점을 찾기가 쉽지 않다는 것이다. 최근에는 이런 일이 있었다.

늦은 점심을 든 엄마가 이제 막 낮잠에 빠지려는 가운데 나는 초등학교 돌봄 교실에 갔다가 주산학원을 다녀오는 정명이가 있는 집으로 돌아가려던 참이었다. 엄마는 인사하는 나에게 이렇게 말했다.

"너 왜 회색인가 갈색인가 한창 입고 다녔던 옷, 안 입으면 그 옷 나 줘."

겨울 외투라고는 감색 파카와 친구가 준 감색 모직 코트와 크림색 코트가 전부다. 평소에는 감색 파카를 즐겨 입고, 차려입고 나가야 할 자리에는 크림색 코트를 입거나 감색 코트를 입는데 모두 엄마가 입기에는 길이가 길고 무거울 텐데 괜찮을까 싶었다.

다음 주 월요일 엄마에게 크림색 코트를 들고 갔다.

"엄마 이 옷 말이야?"

누워 있던 엄마는 아니라며 그 왜 회색인가 갈색인 반코트를, 네가 자주 입었던 그 옷 있지 않느냐는데 나는 전혀 기억에 없다. 결국 우리 집에 오셔서 직접 찾아보기로 하고 이야기를 매듭지었다.

얼마 전에 친구들과 한 대화가 떠올랐다.

"요양원에 있다 보면 나이 드신 부모님께 자식들이 돈을 잘 안 써. 속옷도 오래 입다 보면 낡고 색이 바라잖아. 그럼 계절 바뀔 때마다 바꿔드려야 하는데 잘 안 하더라."

아직 경험이 없는 친구들이 부담스러워할까 봐 나는 얼른 덧붙였다.

"물론 부모님 돌보는 데 서툴러서 그렇기도 할 거야. 나이 들어도 필요한 것이 있으니까."

엄마는 '그 옷 나 줘'하고 자신의 욕구를 표현할 줄 알아서 다행이다. 그러나 대체 엄마의 그 옷은 어디로 갔을까? 봄에는 지팡이와 보청기를 챙겨서 엄마의 그 옷을 꼭 찾아드려야겠다.

돌봄 민주화와 회복탄력성

가족 단톡방에 할머니의 식사와 건강 상태를 공유하고 있다.

지난번 수면제와 불안약이 너무 세서 어제 약을 바꿨어. 관찰하느라 함께 잤는데 역시 소변 때문에 2시간에 한 번씩 깨셨지. 비뇨기과는 가기 싫으시다고 해서 나중으로 미뤘어. 지난번보다는 약이 덜 세다고 할머니께서 피드백 주셨어. 잠도 깊게 주무셔서 개운하다고 하는 걸 보니 이제 시간이 지남에 따라 약에 내성 생기면 낮에는 안 주무실 거야.

정명이도 주일이면 자기 몫을 톡톡히 하고 있어. 할머니 곁에서 심부름도 해 주고 돌보지.

민이도 휴가 나오면 할머니 곁에서 하루 자고 가고, 소리도 가능하면 주 1회는 할머니 점심을 챙겨드리렴, 정명이 할아버지도 엄마가 식사 잘하는지 어떤 불편함이 없는지 살펴주렴.

불편함이 있다면 가족이 모두 공유해서 개선할 수 있도록 하자.

자신이 편하고 좋은 곳만 찾아다니면 안 돼. 알겠지?

이제 너희들이 할머니의 안부를 살필 때야…

건강하실 때 좋은 추억을 많이 만들어 두는 게 살면서 너희 모두에게 회복탄력성을 줄 거야. 왜냐하면 고모는 너희들을 돌보는 십여 년간 자신도 모르게 어마어마한 회복탄력성을 갖게 되었거든.

이건 신이 주신 선물이라고밖에 할 수 없어. 내게 어떻게 이런 에너지가 나오는지 나도 참 신기해. 핵심은 돌봄인 거지.

누군가에게 필요한 존재이고 도움을 줄 수 있고 소중한 존재가 있다는 것. 사랑이 그렇게 힘을 주는 것 같아. 가족에 대한 사랑의 실천은 향후 사회생활을 할 때 안전망이 되어 너희들을 지켜줄 거야.

당신 탓이
아닙니다

이런 글을 받았다.

선생님 저는 재가요양을 하고 있거든요. 목이 잠기고 몸살기가 있어 요양 끝나고 집에 와서 바로 검사받고 자가격리 들어갔는데 문제는 돌봐드리는 어르신이 노부부거든요. 제가 바로 센터에 연락을 넣고 어르신들 검사를 했는데 할머니는 양성으로, 할아버지는 음성으로 나왔다고 했는데, 다음날 할아버지 재검에서 양성이라 바로 병원에 입원했는데 3일 만에 돌아가셨다고 하네요. 너무 비통하고 마음이 괴롭습니다. 마스크 착용하고 케어했지만 워낙 밀착해서 돌봐야 하는 일이라 한계가 있네요. 면목도 없고 어떻게 해야 할지 모르겠네요.

먼저 삼가 고인의 명복을 빕니다. 현재 상황이 얼마나 두렵고 혼란스러우실까요. 도움이 될지 모르겠지만, 저는 이런 고백을 해봅니다.

제가 사랑하는 할머니는 돌아가시기 며칠 전부터 식사를 안 하셨어요. 할머니는 제 품에서 죽을 드시다 돌아가셨는데 지금 생각하면 연하곤란이 있는 할머니께 너무 욕심부려 죽을 넣어드려서 돌아가시게 한 건 아닐까 한 번쯤 돌이켜볼 때가 있어요. 그럴 때는 최악의 신호로 제 내면의 아이는 펑펑 울고 있습니다. 할머니와 같이 레테의 강을 넘어버릴까도 생각합니다.

한편으로는 할머니가 제일 예뻐하던 손녀의 품에 안겨 당신의 고단했던 육신을 내려놓고 마지막 숨을 거두셨다고 믿으려는 마음 또한 강합니다. 저의 무의식은 끊임없이 할머니에게 죽을 먹여드린 그날 새벽으로 돌아가 있고는 합니다. 가슴속 깊이 통한의 괴로움이 휘몰아칠 때가 있어요.

이러면 어떨까요? 코로나에서 회복하면 혼자 남은 어르신을 애지중지 잘 돌봐드리면 어떨까요?

재가방문을 놓지 마시고 앞으로 더 많이 타인의 손길이 필요한 뮤즈와 제우스를 돌봐주면서 계속 이야기 들려주시겠어요?

엄마에게
그렇게 해드릴 수 있잖아요

목동 CBS에서 2시간에 걸친 인터뷰 녹화가 끝나갈 무렵 이런 질문을 받았다.

나이 들어 치매에 걸렸을 때 근무했던 요양원에 들어가고 싶나요?

나는 이렇게 대답했다.

"제가 가고 싶은 요양원을 구현하고 싶어요. 마을 공동체에서 요양원의 모습을 모색하고 싶어요. 저는 독신이잖아요. 가족의 돌봄을 기대할 수 없으니까 가족 공동체가 아닌 다른 차원의 공동체에서 서로 소통하고 돌봄 네트워크를 형성하고 싶어요. 오늘도 끝나면 서울역에 가요. 제가 운영하는 '친구가 모두 잘나 보이는 날엔'이라는 커뮤니티가 있는데 요양보호사 선생님들과 가족돌봄을 하는 분들이 계세요. 저희 엄마가 입맛을 잃었다고 하니까 횡성에서 직접 만든

된장을 주고 싶다는 선생님이 있어서 만나기로 했어요."

4년 전 나온 『나는 신들의 요양보호사입니다』의 독자로 커뮤니티를 통해 소통을 하고 있는 그녀를 만나기 위해 나는 옷깃에 달린 녹화용 마이크를 떼어내고 부지런히 서울역으로 달려갔다. 그녀의 댓글은 항상 일관적이었다. 메시지가 정확하고 삶에서 우러나온 글이기에 마음에 남았다.

오늘은 제가 쉬는 날. 퇴원해서 방 안에서 지내는 남편 목욕시키고 따뜻한 점심 챙겨 같이 먹으며 행복한 시간에 행복한 글을 읽게 되니 행복이 배가 되네요. 감사합니다.

돌봄 동반자가 없어서 아버님 모실 때 많이 힘들었고 아이들이 곁에서 큰 힘이 되어 주었지요. 친정엄마를 32년 모시다 요양원에 모신 뒤로도 엄마를 책임지고 계신 올케언니한테 확실한 돌봄 동반자가 되어 드리고 있습니다. 경험하지 않은 부분을 공감하고 이해한다는 것은 쉽지 않은 일이니까요.

오늘은 아들이 남편을 퇴원시키고 와서 푸념을 하는 걸 들으며 선생님 글을 읽었습니다. 시아버님을 20년 모셨는데 아들이 저를 많이 도와줬고 그 힘으로 아빠 케어를 자연스럽게 하고 있어요. 정명이 이야기를 보게 되어서 용기 내서 댓글을 달게 되었네요.

'왜 같이 안 사세요?'라는 정명이의 질문으로 시작되는 글에 달린 첫 번째 댓글은 그녀였다.

같이 살아보니 힘들었습니다. 그렇지만 정명이가 많이 도와줄 거고 정명이가 커서 자신의 삶을 살아갈 때 많은 밑거름이 될 거예요.

나는 그녀 앞에 섰다. 아니 그녀가 먼저 나를 알아보고 환하게 웃었다. 서울역을 오가며 한 달에 한 번 요양원에 계신 어머니를 찾는 그녀, 횡성과 서울을 오가며 남편의 재활을 돌보는 그녀를 만나자 이야기는 끝이 없었다. 사실 나는 묻고 싶었다. 어떻게 시아버지도 모시고, 남편도 돌보고 일도 하는지.

남편과의 만남은 드라마였다. 아침마당에서 공개구혼을 한 남편을 보고 방송국에 전화를 걸었다고 한다. 당시 방통대에서 공부도 하고 있었고, 자신의 힘으로 돈도 버니까 장애를 가진 남자를 돌봐줄 수 있겠다고 생각했다고 한다.

"저는 대소변 더럽지 않아요." 그녀가 말했다.

"저도요." 내가 답했다.

우리는 공통점이 있었다. 누군가를 돌보는 것을 좋아하며 기꺼이 한다는 것. 그녀가 너그럽게 웃으며 요즘 엄마를 돌보는 일에 의기소침해 있는 나를 위로했다.

"시아버지 모시고 장애인 남편 돌보며 열심히 살았는데도 자식들은 결핍을 말하더라구요. 아무리 열심히 살아도 자식들에게는 부족한 게 있는 법이에요."

엄마가 혼자서 우리 남매를 키우느라 열심이었던 지난날을 일깨워 주는 말이었다. 그리고 지난 시간을 까맣게 잊고 엄마를 돌보는 일이 힘들다고만 하는 나였다.

"저는 부러워요. 엄마에게 그렇게 해드릴 수 있잖아요."

나는 내 귀를 의심했다.

평생 장애를 안고 사는 남편 대신 아침 9시에서 밤 9시까지 일을 하며 시아버님 모셨던 그녀다. 그런 그녀가 이제는 오빠와 올케언니가 삼십여 년 모셨던 어머니를, 요양원에 계신 어머니를 자신이 모시고 싶지만, 지금 모시고 나와 버리면 올케언니와 오빠는 뭐가 되나며 안타까움을 토로했다. 오십 대 중반으로 보이는 그녀가 소녀처럼 미소 짓고 있었다. 그녀의 전신부터 잡았던 카메라가 얼굴만 줌으로 잡아당겨 보이는 듯했다.

나는 부끄러워졌다. 마음껏 사랑할 수 있는데 투덜거렸던 자신이 몹시 초라하게 여겨졌다. 지금쯤 엄마는 남동생이 차린 점심을 드시고 있을 것이다.

내일 그녀가 담근 횡성 된장으로 엄마를 기쁘게 해드려야지.

세례명이 크리스티나인 그녀를 만나서 지쳤던 마음이 회복되고 있었다.

돌봄 제도의 혁신이 필요하다

오늘 어머니를 집에서 간병하는 선생님과 문자로 대화를 나누었다. "선생님 이야기도 쓰고 싶은데 허락해 주시겠어요? 선생님의 돌봄도 저는 아주 귀해서 기록해 두고 싶어요."

'선생님 전 최근 부모돌봄한 것을 후회하고 있습니다. 도움이 될까요? 전 가족 돌봄을 하겠다고 하면 말리고 싶은 심정이라서…. 당시 요양병원에 모시려고 했는데 150만 원이라고 하더라고요. 제 수입이 딱 그 정도여서 엄마를 집으로 모시고 왔고 또 하다 보니 엄마가 요양원에 안 간다고 해서 못 보냈어요. 근데 그 세월이 만 9년, 10년째 되다 보니 이제는 후회가 되네요. 사람들은 대단하다고 하는데 전 힘들고 안 할 수 있으면 안 하고 싶어요. 요양보호사 자격증도 2018년 12월에야 따서 5년을 정말 아무 보상도 없이 한 거죠. 모시고 딸 수도 없었죠. 8시간 수업을 듣고 실습을 나가야 했으니…. 전 질병에 대해서 너무 몰랐어요. 다시 하라고 하면 전 아예 처음부터 발을 들여놓지 않을 거예요. 그래서 선생님도 걱정되었는데 동생분이 동역자로 나선다니 좀 안심이 되는데, 그래도 동생분 혼자로는 안 된다고 생각하는 사람이에요. 온 가족이 함께하지 않으면 불가능한 일인 거 같아요. 이렇게 말하는 제가 뭐라고 제가 하고 있는 돌봄을 말하겠어요.

어머니 돌봄 10년 차인 선생님과의 대화에서 나는 사람들이 정말 듣고 싶은 내용은 이런 육성이 아닐까 싶었다. 못 하는 건 못 한다고 인정하는 돌봄. 예쁜 돌봄 말고 솔직한 돌봄 이야기. 오래 사시도록 최선을 다하면서도 고뇌하고 번민하고, 그러다가 감정이 무너지는 날이면 너무 오래 사신다고 투덜거리며 돌보는 돌봄 말이다. 사실 이렇게 위태위태한 돌봄까지 이야기할 수 있을 때라야 사회시스템이 조금이나마 변할 거다. 우리가 이렇게 죽을 만큼 힘들다는 것을 사회 시스템이 알아야 제도를 만들고 유연한 돌봄 사업으로 개선을 하게 되지 않을까.

독박 육아가 힘들다고 정부에서는 여러 가지 지원 사업을 하는데 독박 돌봄에 대한 대책 마련은 없다.

요양보호사 자격증을 따서 부모돌봄을 하는데 한 달 수령액은 40만 원 선이다. 3시간씩 주 5일을 근무하면 받는 요양보호사 급여의 절반 정도다. 왜 가족돌봄을 하느라 경력단절 여성이 되어야만 하는 여성들의 보수가 턱없이 모자랄까? 문제가 많다.

요양보호사가 사회복지사 자격증이나 간호조무사 자격증을 딸 때 가족돌봄을 한 경우라면 구직 우선권을 행사할 수 있어야 한다고 생각한다. 돌봄 시간도 경력에 포함되어야 공정하니까.

육아 수당과 육아 휴직이 필요한 것처럼 돌봄 휴직과 돌봄 수당 역시 필요하다. 부모를 돌보는 데 요양보호사 급여에 차등이 있다는 것은 시대착오적이다. 부모 돌보기 싫은 사람이 얼마나 될까. 부모를 돌보는 것을 지지하고 응원하는 사회적 분위기가 조성되면 장기적인 돌봄에 힘이 실릴 수 있다.

관심 지역, 관심 유형을 설정해 놓으면 맞춤 공고를 푸시 알림으로 받을 수 있는 부동산 앱이 있는데, 부모돌봄도 이런 맞춤돌봄 앱 설정이 가능했으면 좋겠다. 정보를 공유하고 가족 구성원과 지역이 연계하여 조율하는 플랫폼. 돌봄 연계 서비스도 바로 지원받고 돌봄 공백없이 부모를 돌볼 수 있으며 경력단절 없이 부모돌봄이 가능하지 않을까. 예를 들면 요양보호사 선생님들은 센터 소속과 상관없이 시간이 있을 때 돌봄 구인에 응할 수 있고, 돌봄이 필요한 보호자도 앱을 통해 돌봄 선생님을 급히 찾을 수 있으면 좋겠다. 자격증을 올리는 것을 기본으로 하고.

이런 것도 생각해 볼 만하다. 돌봄 노동에 따라붙는 근골격계 질환은 생각보다 심각하다. 팔목도 쓸 수 없고, 허리도 약해져서 늘 통증에 노출되기 마련이다. 삶의 질을 이야기할 여지도 없이 나락으로 떨어질 가능성이 높다. 아픈 몸을 돌보기 위해 자유 없는 생활을

365일 강요할 수도 없다. 돌봄 노동과 건강에 대한 인식 개선과 구체적인 실행 조치가 필요하다.

또한 부모 근접권을 두어 부모가 사는 집 근처로 이동한다면 임대주택을 제공하는 제도도 필요하다. 부모님이 자식이 사는 집 근처로 이사를 올 경우도 마찬가지다. 그렇게 해야 마을 공동체 돌봄이 가능하다. 마을 공동체 돌봄에서는 공동 세탁도 가능하고, 공동 식사도 가능해진다.

안심하고 교차 돌봄을 할 수 있는 네트워크도 좋은 방안이다. 헌혈처럼 돌봄은행제도가 있어서 미리 돌봄 봉사를 해두고 그 시간 동안만큼 필요할 때 돌봄을 부탁할 수 있는 제도는 또 어떤가.

부모돌봄 1년 차에서 20여 년 차까지 중간중간 여행 바우처를 사용할 수 있게 하여 세상 밖으로 나오게 하는 제도도 필요하다. 성수기 이외의 펜션이나 숙박업체에서 돌봄에 지친 가구가 잠시 쉴 수 있도록 여행 바우처 패키지를 만들어 올리면 자유롭게 이용할 수 있었으면 좋겠다.

부모를 돌보기 위해 고향으로 이사를 갔을 때 정착지원금 제도는 또 어떤가. 그곳이 농촌일 경우 농업 지식을 위한 교육 바우처도 있으면 좋겠다.

이렇듯 부모 근접권, 임대주택 제공, 교차돌봄 네트워크, 돌봄은행제도, 여행 바우처를 실현할 수 없을까도 고민했으면 좋겠다.

서툰 돌봄이라도
이들처럼 사랑한다면

요양보호사 자격증 따고 나서 제가 취직한 요양원에 아버지를 모셨어요. 아버지를 직접 모시는 건 엄두가 안 나서요. 엄마가 혈관성 치매로 요양병원에 7년 계시다가 돌아가셨는데 계속 후회가 되더라구요. 저는 3층에서 일하고 아버지는 2층에 계셨는데, 비대면 면회밖에 안 되는 코로나 상황임에도 출퇴근하면서라도 아버지를 뵐 수 있어서 좋았습니다. 결국은 아버지 코로나 걸리셔서 다른 병원으로 이송돼서 치료받고 퇴원하기로 한 날에 돌아가셨다고 연락을 받았어요.

4년 동안 '친구가 모두 나보다 잘나 보이는 날엔' 커뮤니티에서 내 글을 읽어주었던 분들이 현실성 있는 글을 올리고 있다. 어디에서도 접할 수 없는 삶의 체험이기에 귀하고 소중하다. 엄마를 돌보는 입장에서 참고가 많이 되기에 여러 사람들과 나누고 싶었다.

다음은 어머니를 요양원에 모신 후 자신은 요양보호사로서 요양원에 출퇴근을 하는 들꽃라니 님의 체험을 소개한다.

가족돌봄으로 2년 정도 모시다가 대소변 처리가 불가능해지고 인지력도 떨어져서 요양원으로 모셨는데 딱 6일 만에 뇌경색이 왔는데 시설에서 인지조차 못했어요. 치료 시기를 놓쳐서 편마비가 왔고, 걷지도 못하고 식사도 혼자서 하실 수 없더라구요. 갓난아기가 되셨지요. 병원 치료 마치고 이번에는 집에서 가까운 요양원에 모시고 갔습니다. 시설을 믿을 수 없었기 때문이에요. 감사하게도 그 시설에서 요양보호사로 일하게 되어서 모녀의 요양원 생활이 시작되었어요. 적응기 7개월이 걸렸어요. 주간에만 제가 돌보고 야간은 다른 선생님들이 돌봐주고 계십니다. 3개월 정도는 무척 힘들었습니다. 모친 떼어놓고 퇴근하는 제 마음도 힘들었고, 모친도 시설을 '노치원'으로 생각하고 집에 같이 가자고 하는데 아리고 쓰려서 눈물 달고 지내다 보니 이제는 집에 잘 다녀오라고 하십니다. 가끔 모친의 진심이 나올 때가 있어요. 너희가 억지로 여기 보내서 왔다고요. 딸이 함께 있어도 집이 아닌 공간이 싫은 거지요. 잘 걷던 분이 시설 가자마자 걷지도 못하고 수저도 못 들고 앉지도 못하며 거동 자체가 맘대로 안 되니 힘드신 거지요. 지금은 조금씩 현재의 상황을 받아들이며 적응 중이십니다.

그녀는 말한다. 엄마의 요구 열 개 중에 일곱 개만 들어줘도 건강하게 누리고 살 수 있을 것 같다고. 요즘도 5남매 중 둘째인 그녀는 찰밥을 해서 냉동실에 얼려 놓았다가 엄마에게 드린다고 한다. 집에서 모실 때에는 일주일에 세 마리, 곱게 다진 산낙지를 보양식으로 드렸다고 한다. 엄마와 드라마를 보고 있을 때 시설이 나오자 '나 저기 데려다 줘'라고 말씀했을 때 고마워해야 할지 어떨지 마음이 복잡했다고 한다.

처음 요양원에서 뇌경색에 걸렸을 당시 상황을 설명했다.

"걸어서 가셨어요. 그런데 남동생에게 전화가 왔어요. 누나, 엄마가 이상해지셨어. 입도 돌아가고, 팔도 안 올라가. 시설에서 골든타임을 놓친 거예요. 왼쪽 어깨가 아픈 건 심장에 이상이 있다는 신호인데."

나는 그녀의 경험을 기록하기 위해 만남을 청했고 우린 가을에 찻집에서 만나 뜨거운 대화를 이어갔다. 그리고 계절이 바뀌고 다시 한번 긴 통화를 했다. 엄마를 요양원에 보낸 죄책감에 대한 독백을 들어주는 일이 중요하다고 나는 생각했다. 누구나 자신의 엄마를 요양원에 모시고 싶지는 않다. 그런 충격을 경험하면 내적으로 소화하기까지 많은 대화를 시도해야 하고, 감정을 정리할 필요가 있다.

"엄마는 늘 아프셨어요. 40년 가까이 아팠지요."

담담하게 말하지만 40년을 엄마를 지지한 딸의 얼굴은 곱지만 약간 지쳐 보였다.

"엄마에게 올인했다가 조금씩 나로 돌아오는 것 같아요."

그녀를 처음 만났던 4년 전과 비교해서 많이 편안해 보였다.

체념이라고 할까, 돌봄 성숙기에 들었다고 할까. 잘하려고 하지 않고 그냥 기본만 해도 좋은 것. 서툰 돌봄이 차라리 좋은 돌봄이라는 것. 나머지는 엄마 몫으로 남겨두고 자신과 가족의 몫도 남겨두는 돌봄을 찾은 것 같다.

스텔라 님의 경험 속
발탈의 깨달음

예전부터 써온 온라인상 내 닉네임은 '발탈'이다. 발에 탈을 쓰고 노는 민속 연희인데 맥이 끊겨 버릴지도 모른다고 해서 기억해 두기 위해 이름을 따왔다. 네트워크상에서 십여 년 전부터 교류해 온 스텔라 님은 인지중에 걸린 어머니를 모시고 살면서 다양한 미술재료로 어머니와 함께하는 미술놀이를 소개하는 블로그를 운영하고 있다. 그녀의 돌봄이 궁금해서 이야기를 청했더니 이런 답이 돌아왔다.

발탈 님, 짧게 이러저러했다 쓰려다가 블로그에 올려 두었던 글 몇 개 보내 드려요. 그때그때 올려 둔 글들이라 오히려 더 나을 것 같아서요. 도움이 될까요? 요즘은 별거 아니라 넘겨도 될 일들에 제 스스로가 스트레스를 받는 해요. 누군가 돌봄을 시작하게 된다는 건 자신의 일상이 예전 같지 않다는 걸 알게 되는 것 같아요.

지난가을 우리는 시간을 쪼개고 쪼개서 망원동에서 만났다. 서로의 안부를 묻고, 어머니 안부를 묻고 소소한 일상을 나누며 망원시장 야채가게에서 잔뜩 장을 보면서 천 원, 이천 원 하는 브로콜리, 피망, 양배추, 버섯을 사 들고 좋아했다. 오랜만에 외출한 스텔라 님을 정명이가 있는 집으로 초대했다. 양손에 가득 검정비닐 봉지를 들고 언덕을 올랐다. 아이와 개가 있는 저녁은 항상 웃음이 있게 마련이다. 스텔라 님은 웃었고, 아이도 집에 손님이 오는 게 너무 좋아서 깡충깡충 뛰었다.

집으로 돌아갈 시간, 나는 카카오 택시를 불렀다. 엄마 덕분에 자주 이용해서 우리 집 주소가 입력되어 있었기에, 손쉽게 부를 수 있었다. 선결재로 손님을 안심하고 모셔다드릴 수 있는 카카오 택시가 좋다. 오랜만의 외출일 텐데 결국 한가득 장을 본 짐을 들고 전철을 갈아타게 하고 싶지 않았다. 스텔라 님의 이야기는 문자로 계속되었다.

잘 돌봐드려야지 하는 마음과 함께 불쑥불쑥 올라오는 스트레스가 공존하면서 가끔은 너무 버겁다는 생각을 하기도 해요. 장수의 의미를 되짚어 보기도 하고요. 그림 그리기를 시작한 건 코로나로 오롯이 돌봄의 몫이 보호자 한 사람과 밀착되었을 때 생각해 본 거예요. 한동안 중단했던 미술놀이를 이제 다시 시작해 보려고 해요. 글쓰기에 부족한 점이 있다면 알려주세요. 바쁜 시간에라도 건강 잘 챙기시고요.

고운 자태와 멋진 스타일을 가진 스텔라 님이 어머니를 건강하게 돌보고 싶은 마음은 굴뚝 같지만, 속절 없이 노화 과정을 묵묵히 바라보기만 해야 하는 상황이라, 그것이 나의 일인 양 슬펐다.

척추압박골절로 고생하는 어머니와의 장거리 여행을 계획할 때 세심하게 살펴야 할 부분이 소변 처리 문제라는 걸 참고할 수 있었다. 그녀는 지금도 안타까운 듯 그날의 일을 이렇게 전했다.

어머니가 다치게 된 상황은 참 어이가 없었어요. 입을 꼭 다물고 소변을 참았다 산길에서 급히 소변을 보다가 다리 힘이 없어 일어나지 못하고 주저앉는 바람에 척추를 다치게 되었답니다. 얼마나 속상하던지요. 왜 말을 안 하냐고 소리소리 질렀지요.

엄마와 딸은 얼마나 당황했을까. 엄마를 모시고 살기로 결심하고 고향에 짐을 챙기러 갔다가 일어난 일이니 걷던 엄마를 누워계신 엄마인 채 동거를 시작했으니 딸로서는 예상 못 한 결과였을 것이다. 다시 걷게 되기까지 인고의 시간을 보냈을 것이다.

노인의 다리 힘은 어디까지 자신의 몸을 지탱할 수 있을까. 노화와 함께 진행되는 골다공증은 예상보다 무섭다.

에바 알머슨 따라 그리기를 마친 어머니에게 스텔라 님은 묻는다.

"어때요?"

"예뻐."

88세인 엄마랑 함께하는 미술놀이에서 스텔라 님은 잠시 동안이라도 인지증에 걸린 엄마와 예전과 같은 교감을 가졌을 것이다. 아름다운 것을 함께 느끼는 순간. 손의 인지능력과 협응능력을 위한 미술놀이를 하는 동안 스텔라 님은 돌봄의 다양한 모색을 엄마에게서 찾을 수 있었다.

이런 사례를 듣는 것만으로도 엄마와 시간을 어떻게 보낼까 고민하던 나는 도움을 받았다. 신문을 찢어 붙이는 콜라주 작업을 통해 자작나무 숲이 완성될 때 엄마와의 교감을 기대할 수 있겠다. 잠시라도 집중하고 즐거워할 수 있도록.

부모돌봄이
긍지가 되는 사회

재일조선인 양영희 감독의 〈수프와 이데올로기〉에서 감독은 치매로 혼자 생활할 수 없는 엄마에게 이렇게 말한다.

"엄마, 우리 집이 두 개지요? 2주 동안 영희가 일하고 올 때까지 혼자 집에 못 있으니까 다른 집에서 생활하고 계시면 제가 일하고 올게요."

양영희 감독은 엄마를 시설에 맡기면서 집에서 보내는 것처럼 가벼운 마음으로 생활하도록 배려하기 위해 단기요양보호 시설을 또 다른 '우리 집'으로 표현했다. 이 모녀는 애착 관계가 돈독해서 분리불안은 없어 보였다. 가족돌봄에서 분리불안에 놓인 경우 돌봄인과 피돌봄인 모두에게 심리적 압박감이 상당하다. 특히 양 감독처럼 자주 출장을 다니는 경우 그런 문제가 도드라진다. 이런 가족에게는 필요할 때 필요한 만큼 쓸 수 있는 휴가와 단기보호를 안심하고 부탁할 수 있는 공동생활이웃이 절실하다.

'북유럽 사회가 행복한 개인을 키우는 방법'이라는 부제가 달린 『우리는 미래에 조금 먼저 도착했습니다』(아누 파르타넨, 원더박스)를 읽으며 부모돌봄이 긍지가 되는 사회에 대한 희망을 품어보았는데, 회사가 적극적으로 '부모돌봄 휴가'를 쓰도록 권장하게 제도화하면 좋겠다는 생각에까지 이어졌다. 사회적 분위기가 '너도 어머니를 돌보니? 나도' 하고 자긍심을 갖는 대화가 가능하려면, 사회 전체가 돌봄 효과, 돌봄 정책, 돌봄 마인드에 대한 이해를 공유해야 하며, 정치적 논의와 제도화를 통해 공동돌봄을 구현해야 한다.

생각해 보면 우리는 요람에서 무덤까지 온갖 돌봄 안에서 생활하고 있기에 돌봄의 중요성을 쉽사리 인식하지 못 한다. 돌봄교육과 상생의 공동돌봄은 이런 취약한 부분에서부터 시작해야 한다. 누구에게나 닥칠 수 있는 상황이 바로 돌보는 사람과 돌봄 받는 사람의 입장이다. 막상 눈앞에 닥치고 보면 그제야 돌봄의 소중함을 인식하게 된다. 이는 특별한 경우가 아니라 바로 지금 나에게 생길 수 있는 누구나의 현실이다.

느닷없이 닥친 돌봄의 상황을 더 이상 두려워하지 않아도 될 가족돌봄이 긍지가 되는 사회가 오길 바라며 조금씩 목소리를 모아가고 있다.

건조한 기록 속에
담긴 눈물의 흔적

요양보호사 교육원에서 전문적으로 공부를 하면서 눈을 반짝이며 새롭게 배운 지식을 노트할 때의 기쁨을 잊지 않고 있다.

교육원에서 점심 도시락을 먹으며 편마비로 고생하는 남편을 더 잘 돌보고자 공부하러 온 여든네 살의 선배님도 만났고, 요양보호사가 되고 싶다는 열아홉 살 소녀에게 어떻게 하면 좋은 요양보호사가 될 수 있는가 질문도 받았다.

나는 엄마의 요양보호사이기도 하고, 주 5회 오전 3시간 동안 재가방문을 하는 요양보호사이기도 하다.

지난주는 재가방문으로 만난 어르신을 돌본 지 4년이 되는 날이었다. 코로나가 기승을 부리자 1년 내내 자식들이 찾아오지 않았다. TV를 켜면 날마다 요양원에서 죽어가는 면역성 낮은 노인에 대한 뉴스가 나왔다. 우리는 고독했고 두려웠다. 그런 어르신과 4년의 봄, 여름, 가을, 겨울을 보낸 결과 우리는 장기요양보험 등급 2급에서

3급을 받았다. 그러니까 건강해진 것이다.

잘 돌보면 건강해진다는 믿음이 돌봄에서는 무엇보다 중요하다. 그리고 그 믿음만큼 중요한 것이 기록이다.

내가 피요양인의 요양 사항을 기록하는 것은 더 나은 돌봄을 추구하고자 노력하는 것이기도 하고, 다른 사람들과 돌봄 경험을 공유함으로써 고립감에서 벗어날 수 있는 창구가 되기 때문이기도 하다.

돌봄의 질을 따지고 볼 때 '고립감'은 피요양인에게도, 그를 돌보는 요양보호사에게도 극한 상황일 뿐이다. 하지만 날마다 기록한 돌봄의 기록은 고통의 기억까지는 남아 있지 않지만, 정직하기에 힘이 있다. 변비였던 상황을 개선하기도 하고, 가까운 가족이기에 보이지 않았던 정서적 불안의 이유가 명확해지기도 하며 필요한 욕구를 체크함으로써 일상생활을 개선해 나갈 수 있도록 다양한 안전장치가 되어 주기도 한다.

그런데 다른 요양보호사가 쓴 건조한 문체의 요양 기록을 가만히 들여다보다가 아무 흔적 없는 어떤 대목에서 가슴이 먹먹해지거나 한숨이 나오는 경험을 한다. 정직하고 건조한 기록 속에 우리들만이 볼 수 있는 마법의 문자로 고통의 기억이 기록되어 있기 때문이다.

나도 저런 사랑 한번 하고 싶다

올해 첫 영양제를 맞은 엄마는 다음 날 몸이 가벼워졌다고 한다. 생일선물로 산 책 속에 든 돈봉투를 발견하고서 엄마는 이렇게 중얼거렸다. '나도 너에게 뭔가 주려고 했는데.'

책을 만지작거리는 엄마의 옆얼굴엔 북촌에서 사드린 와인빛 잔꽃무늬 머리핀이 아무렇게나 꽂혀 있다. 소화흡수를 못 해서 어제는 하얗게 질린 얼굴이었는데 혈색이 조금 돌아왔다. 잡채는 기름지고 소화가 더디니까 조금만 드리고, 서울역에서 만났던 지인에게서 얻어 온 된장으로 끓인 시래기 된장죽이 엄마의 여러 날 양식이 되었다. 한 대접이 너무 많다더니 다 드신 후 끄윽 한다. 소화가 되는 소리에 안심. 벌써 세 번째 보는 〈겨울 연가〉 앞에서 엄마는 이렇게 중얼거렸다. "나도 저런 사랑 한번 하고 싶다."

부엌에서 TV를 향한 채 앉아 있는 엄마를 본다. 엄마, 죽어도 죽지 않는 불멸의 사랑, 오직 하나뿐인 사랑, 그런 사랑이 받고 싶구나.

엄마 집 현관문을 닫고 나오면서 외로움에 빠졌다. 나도 언젠가는 엄마처럼 하루 종일 방에 불도 켜지 않은 채 혼자 TV 드라마를 보고 또 보고 하겠지. 거품처럼 꺼져버린 시간 속에서 지난날 미루어 두었던 버킷리스트가 누렇게 빛이 바래도록 그렇게 하루하루 살다가 인생 황혼을 맞이하겠지. 거울 앞에서 흰머리를 한 여자가 나를 바라보고 있을 때 나는 과연 무엇을 소원할까.

엄마의
상태변화 기록지

 엄마의 첫 번째 상태변화 기록지를 작성했다. 장기요양보험을 인터넷으로 신청하자 바로 접수가 되었고, 2주 만에 공단 직원이 방문했다. 3등급을 받은 엄마를 재가센터와 연결하여 재가 급여를 받게 되었다. 이로써 요양보호사 자격증이 있는 나의 돌봄이 시작되는 첫 주이자 딸인 내가 관찰자 입장에서 엄마의 상태변화를 기록하는 첫 주가 시작되었다.

첫 번째 상태변화 기록지.
첫째 주, 신체상태는 양호, 배설상태는 만성변비, 정신상태는 불안정, 피부상태는 양호, 수면상태는 불면증, 인지상태는 가끔 흐림, 식사상태는 불규칙. 조치사항란에는 이렇게 적었다. 낮에라도 수면을 취하도록 돕고, 정해진 시간에 식사를 드리도록 한다.
둘째 주, 변비로 고생해서 마그밀을 처방받아서 복용 후 변비가 개선되었다.

갑자기 화를 내거나 의심을 했다. 당신이 둔 곳에 물건이 그대로 있지 않고 없어졌다고 불만스러워했다.

셋째 주, 요실금으로 불편해해서 속옷을 많이 준비해 드렸다.

두 번째 상태변화 기록지.

보청기, 지팡이, 가방을 잃어버렸다가 다시 찾았다. 왕복 택시비 지출. 건망증이 발현될 때마다 좌절하고 우울해한다. 저녁에 혼자 계실 때 TV에서 사람이 기어 나오는 환각을 호소. 저녁 시간에 당신 집인 줄 알고 혼동하고 버럭 화를 냈다. 밤이면 창문에 사람 그림자가 어른거린다고 호소하여 창문을 가릴 한지를 주문했다.

세 번째 상태변화 기록지.

첫째 주, 한지로 유리창을 가려드렸다. 돋보기 교체해 드렸다. 신문 광고 오려서 '녹음용 볼펜'을 사달라고 했으나 잠시 보류.

둘째 주, 이번에는 여름 샌들과 장마 때 신을 장화가 필요하다고 하는데 돋보기 교체 후 계속 필요한 물건을 말하는 걸 보면 욕구가 생겨 건강해진 것 같다.

셋째 주, 입이 헐어서 식사를 안 하기 시작. TV 선전하는 건강식품 사달라고 함. 침대도 필요하다고 함. 감자를 갈아서 감자전을 해드리고 새싹채소 샐러드 드림.

넷째 주, 낮과 밤이 바뀜. 유산균 건강식품 드시기 시작. 두 끼만 드시겠다고 함. 번역 중인 원고 프린트해서 교정 부탁드렸더니 매우 좋아함. 다음 주 침대가 오기로 하자 기뻐했다. 유산균 드시고 배변 양호해짐. 소화불량 호소로 감자, 단호박 쪄서 드림. 의자에 푹신한 방석 깔아 드림.

네 번째 상태변화 기록지.

첫째 주, 침대가 배달되자 아이처럼 기뻐함. 식사도 밥상인 좌식보다는 무릎 관절을 위해 원탁과 의자를 주문했다.

둘째 주, 점심을 차려드리러 가자 당신 물건을 뒤졌다며 화를 냈다. 한 달 동안 안방 청소를 아무리 해도 다음 날 아침이면 방안에 짐이 한가득 나와 있는데 아무래도 무언가를 찾는 것 같다. 집으로 돌아오면서 '이런 이별은 싫다. 엄마와 이렇게 헤어질 수는 없다'고 생각하는 하루하루.

셋째 주, 소화가 안 되자 단순히 식사를 거른다. 소화 잘되는 음식을 준비하기 위해 양구 시래기 한 박스 주문. 시래기 된장국에 밥을 끓여드렸더니 맛있게 드셨다. 걷기 힘들어하고 집 앞에서 배변 실수함(전날 드신 기름 많은 연어스시가 원인인 듯).

넷째 주, 번역 원고 교정 끝내고 성취감을 느끼는 것 같다. 혼자 있는 시간을 누워있거나 TV로 소일했는데 신문 스크랩으로 바뀌어서 풀과 스케치북을 드렸다.

다섯 번째 상태변화 기록지.

첫째 주, 추석맞이 파마를 하고 돌아오는 길에 접촉 사고. 가벼운 뇌진탕이 있어서 응급실에서 X레이, CT 촬영 후 귀가. 다음 날 여기저기 멍이 올라오고 통증 호소하여 병원 재방문. 입원 수속.

셋째 주, 병실에서 공동생활을 하다 집으로 돌아오자 매우 좋아했다. 2주 만에 퇴원.

넷째 주, 허리를 비롯해 온몸이 아프다고 해서 한의원에서 약침을 맞고 물리치료 받으러 다님.

다섯째 주, 주무시다 침대에서 떨어져서 머리를 또 부딪쳤다. 야간에는 안전장치로 침대 옆에 의자를 대놓았으나 장기적으로는 안전봉 설치가 필요. 장기요양기구센터에 전화하여 안전봉 설치.

여섯 번째 상태변화 기록지.

첫째 주, 비데 설치기사 왔으나 돌려보냄. 비데 설치 시 품목별 지불에 불만을 가짐 전기 설치기사, 비데 설치기사가 따로 방문하는 것도 거부함. 오래 설득하여 비데 설치 종료.

둘째 주, 비데 디자인이 이상하여 사용이 불편하다고 해서 건조기 사용 시 1회, 2회, 3회 누를 때마다 건조 모드 변환이 약에서 강으로 변하는 것을 종이에 써드림. 적응 기간이 필요한 듯.

셋째 주, 아귀를 사다 지리로 끓여드리자 식사를 드심. 식사를 거부할 때는 변비와 소화불량 호소가 잦음. 비데에 대해 더는 불평하지 않음. 익숙해진 듯함. 바지락 넣은 시금치 된장국을 맛있게 드셨으나 다음날은 맛없어함. 냉장고 방치. 이틀 후 몰래 버림.

넷째 주, 집에 모시고 왔으나 이틀 주무시고 새벽에 짐을 싸서 택시 불러달라고 함. 저녁 식사 중 딸이 앉을 의자에 밥그릇을 내려놓고 드심(식탁이 너무 높았을지도 모르겠다는 생각이 나중에서야 듬. 키가 줄어들었기에 침대 위에 놓고 드실 소반이 차후 편할지도 모르겠음).

다섯째 주, 비데 사드린 후 이번에는 얼음이 나오는 정수기가 필요하다고 함. 5년 계약 3만 원 정도의 렌탈 얼음정수기를 알아보았으나 망설임. 어디서부터 어디까지 엄마의 욕구를 만족시켜야 할지, 필요에 의한 것이라도 하루 얼음 소비량을 비교해 보면 고정비 지출이 늘어나는 부담도 고려해야 할 사항.

일곱 번째 상태변화 기록지.

첫째 주, 감정 기복이 시시때때로 변함. 나를 향해 신문을 집어 던짐(이러다가 돌보는 내가 먼저 죽을 것 같음). 타인을 의식하는데 네가 왜 병원에서 우울증 체크에 관여했느냐며 화를 낼 때 침묵함.

둘째 주, 요실금 팬티 사용 중단. 피부가 여려서 금방 짓무름. 연고 처방받아 발라 드림.

셋째 주, 방에 빨래를 걸고 습도 조절을 하고 싶다는 요구에 동네에서 못을 박아주실 분을 섭외. 못 3개 박은 장소가 마음에 안 든다며 분노(정말 괜찮은 걸까, 엄마의 뇌. 걱정이 될 정도로 화를 냄).

넷째 주 , 영양제 맞고 컨디션 좋을 때 맛집에 모시고 가서 고기와 야채를 기분 좋게 드시게 함.

다섯째 주, 꼭 식사가 아니어도 거르지 않도록, 저혈당이 오지 않게 간식을 준비해 드림. 예를 들어 군고구마, 찐 감자, 함박스테이크, 감자샐러드, 귤, 포도 등.

여덟 번째 상태변화 기록지.

첫째 주, 전신 통증 호소해서 최내과에 모시고 가서 2주간 영양제 맞은 후 삶에 대한 동기부여를 가진 것 같음. 부엌에서 식사 준비를 하는데 '어디 힘내서 살아 보고, 안 되면 할 수 없지'라는 혼잣말이 들림.

둘째 주, 이상한 행동을 함. 밥통의 전원을 꺼두고 찬밥을 만들어 놓음. 잘 안 드심. 뉴케어 구수한 맛으로 한 박스 주문.

셋째 주, 집에 모시고 와서 곰탕 끓여드린 후 목욕을 씻겨드림. 혼자서는 식사를 잘 안 챙겨서 기운 없이 누워만 있음. 가족과 방문 요일을 논의하여 남동생은 화요일, 목요일 점심을 함께하기로 조율. 토요일엔 큰조카가 점심 준비하기로. 막내조카는 화장실 청소와 걸레질 돕기로 함. 금요일 저혈당 쇼크 옴. 쇼크가 와서야 식사했다고 함. 다행히 곁에 증손자 정명이가 있어서 전화로 알림.

넷째 주, 입맛 없어 함. 잘 안 드심. 전복죽 사다 느림. 양상추와 키위 샐러드 위에 게맛살 얹어서 점심 대신 드림. 일단 드시기 시작하면 허기를 느껴서 밥도 청함.

다섯째 주, 아기처럼 귀여워짐. 1년여 동안 변화가 있는 것을 보면 역시 관심과 사랑이 사람을 사납게도 하고 부드럽게도 하는 중요한 역할을 한다는 사실을 깨달음. 식사 양이 줄었고, 챙겨드리지 않으면 탁자 앞에 간식만 드시므로 눈앞에 보이게 다양한 음식들을 소량 준비해 드림. 찐빵, 김치만두, 샐러드, 롤케이크, 뉴케어, 찐 감자, 군고구마, 귤, 샤인머스켓, 양송이수프, 우동 한 그릇,

잔치국수, 비빔국수 등을 겹치지 않게, 질리지 않게 바꾸어 준비해 드림.

엄마를 돌보는 동안 자신을 돌보지 못한 기분이 들었다. 감기 기운도 떠나지 않고, 번역이나 글쓰기에서도 전보다 체력이 못 미치고, 쉽게 지쳤다. 엄마를 돌보면서 자신의 몸도 쉬어가며 돌보라는데 과연 가능할까.

남동생이 화요일, 목요일 엄마 점심을 준비해 드리는 변화가 있었다. 적어도 화요일, 목요일 낮 2~3시간은 쉴 수도 있고 약속을 잡을 수도 있으며 주말에도 시간을 이용할 수 있는데 변수가 더 많았다. 병원 예약일이어서 못 쉬고, 아이가 방학을 해서 못 쉬고, 청소며 빨래, 그 밖의 많은 집안일을 해내고 나면 결국 밤에 잠을 줄일 수밖에 없는 악순환이 거듭된다.

하고 싶은 일 순서보다는 해야 할 일을 하는 데 우선을 둔다. 그 우선 해야 할 일을 하다가 번개처럼 틈을 내서 살아가는 것이 방법이 되었다.

저녁 준비를 하기 전 5시에서 6시 사이가 그렇고, 아이가 잠든 후 12시에서 새벽 시간이 그렇다. 문제는 마음 관리다.

일상에서 옷 갈아입는 것을 단일한 복장으로 하고 주 단위로 바꾸어 입자 훨씬 간편한 느낌이 들었다. 장은 수시로 떨어진 것 중심으로 본다. 책 읽기는 종이와 전자책으로 교차 읽기로 책 읽기에 대한 욕구를 충족한다. 가능하면 맛있게 먹고, 요리하는 동안 즐긴다.

엄마의 요양보호사로서 엄마가 가능한 한 자신의 집에서 일상생활을 할 수 있도록 정서적 지지와 돌봄을 일관성 있게 할 수 있도록 내면의 아이를 돌볼 것. 내면이 원하는 것을 무시하지 않을 것.

나를
잘 돌봐야지

 정명이가 일곱 살 때 울면서 한 말이 아직도 사무친다. 그날따라 목욕이 하기 싫다는 정명이를 야단쳐서 씻기고 나왔다. 잡지사 원고 마감일이 겹쳐서 내심 아이가 일찍 자주기를 바랐지만, 아이 눈은 말똥말똥했다. 그것뿐인가 낮에는 이모님에게 갔다가 이런 말을 들었다.

 "잘 먹여야지. 아이 볼이 홀쭉해졌어."

 엄마는 또 어떤가.

 "아이가 배고프다면 밤 10시라도 먹여야 해."

 나는 아이를 돌보느라 힘들지 않느냐는 말이 듣고 싶었다. 그러나 마음을 어루만져 주는 대화는 손끝만큼도 가능하지 않았다. 오직 돌봄만 강요받은 채 갇힌 삶을 살고 있던 나는 수면 장애를 앓고 있었다. 때때로 호흡이 힘들 정도여서 한숨이 자주 나왔다. 억지를 부리거나 떼를 쓸 때 정명이도 증조할머니의 말이 떠올랐을 것이다.

 짱구처럼 부푼 볼에 눈물을 줄줄 흘리면서, 또 짱구처럼 옆으로 앉아서 이렇게 말하는 것이었다.

"나를 잘 돌봐야지."

정명이 엄마인 조카딸 소리가 자신의 삶을 찾겠다며 직장생활에 올인할 때 나는 저녁이 없는 삶을 몇 년째 살고 있었다. 어른들과의 관계는 사라지고 오직 육아와 돌봄 노동만이 계속되는데 숨을 쉴 수 있는 곳이라고 한다면 글쓰기가 전부였다. 그런데 그 글쓰기도 아이가 잠이 든 이후에야 가능했다. 지금은 혼자서도 TV를 보고 놀이가 가능하지만 그때는 놀이의 대상이 꼭 나 아니면 안 되었기에 잠들기 전까지 함께 있어야 했다.

나도 지지 않고 아이에게 응대했다.

"어떻게 돌보는 게 잘 돌보는 건데?"

이 질문은 일곱 살 정명이에게 하는 질문이 아니라 사실 나에게 향한 질문이기도 했다. 다들 나에게 잘 돌보라고 하는데 어떻게 돌보는 게 좋은 돌봄인지, 그 좋은 돌봄 한 번 해보고서 가능한지 안 한지 따져보라고 하고 싶었다.

그날 이후 아이의 말은 화두가 되어 날 따라다니고 있다.

서로가 만족하는 돌봄이란 무엇일까. 그래서 암 말기로 투병 중인 아버지를 돌본 지 3년이 되어가는 후배에게 물어보았다. 아버지 돌봄이 과연 어땠는지.

"엄마, 아빠는 굉장히 고마워했어요. 좋아하구. 그러니까 가능했던 것 같아요. 50대 아줌마가 집에서 딸에게도 남편에게도 환영받지 못하는데 늙은 부모님은 작은 관심 하나에도 고마워하고 즐거워하니까…. 나도 즐거웠던 것 같아요. 물론 힘든 부분들도 많았지만. 검사 다음 날 토종벌 얻으러 강원도에 다녀오셨어요. 양봉벌이 다 죽었다고. 꼭 마지막 잎새 주인공처럼 당신이 힘이 없어지니까 벌들도 병들어 죽어간다고 하더니…. 몸이 조금 괜찮아지니까 아버지께서 소일거리는 있어야 한다며 가셔서 기뻐요."

 나는 몹시 감동했다. 후배는 자신이 얼마나 훌륭한 돌봄을 하고 있는지 자각하고 있는 걸까. 아픈 몸의 아버지를 돌보는 일에 정성을 다하는 일, 바로 정명이가 나를 바라보며 했던 말과 닿아있다.
 "나를 잘 돌봐야지."를 깊이 있게 생각하다 보면 돌보는 사람이 건강해야겠다는 생각이 절실하다.
 나처럼 돌보는 입장에서 자신의 글을 쓸 시간도 없고, 사회적인 관계를 맺을 시간도 없어서 자유롭게 자신을 돌볼 수 없을 때 과연 좋은 돌봄이 나올 수 있을까? 돌보는 자의 권리를 사회적으로 더 존중받고 싶다. 그래야 돌봄을 기꺼이 할 수 있으니까.
 아이의 말이라도 사무치는 것이 아이가 해맑게 웃는 가정이 행복한 가정인데 시간에 쫓겨 영혼이 없이 놀아준다든지, 잠들고 싶지 않은데 취침을 강요하는 돌봄이 건강할 리 없다. 더욱이 중요한 건 돌보는 사람의 권리, 혼자 있을 시간과 개인의 욕구가 돌봄이라는 영역에 갇혀 희생을 강요받지 않았으면 한다.

왜 같이 안 사세요?

부엌에서 저녁을 차리고 있었다.

"우리 고모는 할머니 점심을 매일 차려드린다."

안방에서 친구와 놀던 정명이가 자랑스럽게 말했다. 된장국에 넣을 표고버섯을 썰던 나는 의아했다. 아이 눈에도 할머니의 점심을 매일 차려드리는 게 쉬운 일이 아니라는 것이 보였을까? 아니면 어른들이 나누는 대화를 그냥 귀담아 두었다가 하는 건가. 저녁을 먹은 아이들은 축구를 한다며 아파트 공터로 공을 들고 나갔다. 친구에게 자랑하던 정명이의 마음이 궁금했다.

밤이 되자 우리는 잠자리에 들었다. 잠들기 전까지 정명이가 끝말잇기를 하자고 제안한다. 끝말잇기는 국어사전을 만들 정도로 끝없이 이어진다.

가지, 지렁이, 이빨, 빨대, 대나무, 무지개, 개나리, 리어커, 커텐, 텐트, 트럭, 럭

키, 키다리 아저씨, 씨앗, 앗싸, 싸만코, 코딱지.

깔깔깔 하고 우리는 웃는다. 무슨 단어로 시작하든지 마지막엔 코딱지로 끝나버리는 끝말잇기도 지루해지자 정명이가 이렇게 묻는다.

"고모?"
"응?"
"할머니는 왜 같이 안 사세요."
"글쎄."

나는 바로 답하지 못했다. 대답할 수 없었다. 그 질문은 내가 다른 부모님 돌보는 분들에게 마음속으로만 하던 질문이었지, 자신에게는 차일피일 미루던 질문이었기 때문이다.

"너는 할머니와 같이 살면 좋겠어?"
"네."
"그래, 그럼 주말에 놀러 갔다가 할머니 모시고 올까?"
"네."

아이는 신이 났다. 할머니가 오시면 숙제도 미룰 수 있고, TV를 보다 늦게 잘 수 있으며, 간식으로 라면을 졸라도 되었다. 긴 설명 없이 아이의 제안에 동의했지만, 만일 엄마가 혼자 일상생활을 못하게 된다면 난 엄마를 집으로 모셔 올 생각을 한다. 그런데 엄두가 안 나는 게 사실이다.

엄마를 모셔 오면 아이의 마음을 엿볼 수 있는 충실한 대화 기회가 줄어들 것이다. 할머니를 만나러 온다고 좁은 집으로 몰려들 가족들에게 점심이나 저녁식사를 준비하는 것도 내 몫으로 남는다. 식사 때를 피해 온다고 해도 내 쉴 곳을 잃을까 봐 걱정이 되는 것도 사실이다. 난 더 이상 쉴 곳을 잃으면 버틸 수 없을 만큼 전력 질주해 왔다. 이런 이야기를 천천히 설명한다면 아이는 알아들을까? 아니, 나 자신은 납득할 수 있을까?

지금까지의 나는 무거운 짐은 피하지 않고 어깨에 짊어지면 된다고 생각했다. 지금부터는 나도 누군가의 등에 업히고 싶은데 과연 엄마를 잘 돌볼 수 있을까? 아이의 순백에 가까운 질문이 붙면의 밖으로 나를 안내하고 있었다.

"왜, 같이 안 사세요?"

나는 오늘도 부엌에 서서 감자를 삶고 있다.

왜 같이 안 사세요에
답하기 위해

'어사연(어르신사랑연구모임)'에서 『정신은 좀 없습니다만 품위까지 잃은 건 아니랍니다』(가노코 히로후미, 푸른숲)를 읽은 후, 일본 노인복지기관을 탐방하고 펴낸 〈2018년 어사연 자료집〉이 지금 내 앞에 있다. 어사연은 '나이 듦과 노년, 노인복지, 노인복지정책, 죽음준비 등에 대한 공부를 함께 하며 이야기와 정보를 나누는 것을 목적'으로 하는 시민 모임이다. 어사연에서 방문한 후쿠오카에 있는 노인복지기관이 바로 앞의 책의 무대가 된 '사와야카테라스'와 '요리아이노모리'다.

『나는 신들의 요양보호사입니다』를 펴내기 전 김수동 선생님으로부터 받은 이 자료집 덕분에 나는 좀 더 다양한 돌봄의 세계를 알게 되었고 생활 속 돌봄에 참고하게 되었다.

아이로부터 "할머니와 왜 같이 안 사세요?"라는 질문을 받고 나는 다시 한번 이 자료집을 읽어보았다.

이 자료집에서 사와야카테라스는 '하지 마세요'가 아니라 '어르신들이 하고 싶은 것'은 다 할 수 있도록 하는 시스템 정착을 중심에 두고 장기요양보험은 물론 후원자들의 재정지원과 지역사회의 다양한 주체들과의 자원연계를 통해 서비스 제공을 한다고 소개하고 있다. 또한 보호자가 기관을 방문해서 수용자와 대화를 나누고 함께 잘 수도 있다고 한다. 모두 1인실로 독립적인 공간을 제공하고 있으며, 직원들은 유니폼이 아닌 일상복을 입음으로써 집 같은 편안함을 준다고 한다.

요리아이노모리는 '할머니 한 분도 보살필 수 없다니 그게 무슨 복지예요!'라는 철학으로 설립되었기에 시민들의 공감을 사며 공공제도를 변화시킬 수 있었다고 한다. 박은지 선생님의 탐방 보고서에서는 보호자가 당일 신청하는 것만으로도 단기보호가 가능하다는 점을 이상적으로 들고 있다. 또한 음식을 갈지 않고 그대로 제공함으로써 자연스러운 식사를 유도하며 연하곤란을 방지하고 있다. 억제하거나 가두는 느낌이 들지 않도록 주의를 기울이고 있으며, 어르신 스스로 자유롭게 행동할 수 있다. 지역주민의 도움으로 안전망이 조성되어 있다. 치매 어르신은 명령, 스케줄을 싫어할뿐더러 잠긴 방에 있는 걸 두려워하기에 입주 시 보호자와 상의를 통해 열쇠 없이 지내도록 돕고 있다. 또한 요리아이노모리는 직원 비율이 어르신 3명 당 직원 1명이며, 센터 생활 적응 후 직접 화장실을 가도록 유도하고 기저귀 대신 패드를 사용하도록 하여 상태가 좋아지도록 돕는다고 한다. 안미연 선생님은 일본의 재가복지시설 견학 소감을 밝히며, 우리나라 사회복지 분야는 평가항목이 너무 많고, 수많은 활동사진들, 불필요한 프로그램들, 정해진 시간의 식사시간, 정해진 시간의 취침시간 등이 문제라고 지적한다.

27년 경력의 유경 사회복지사는 요리아이노모리 노인홈에 대해서 이렇게 표현하고 있다.

> 나이 들어 도저히 혼자 살 수 없거나 치매에 걸려 일상생활이 어려우면, 당사자의 의사와는 무관하게 모든 것이 결정되고 마치 사회에서 격리되듯 시설로 사라지는, 이런 일련의 과정을 바꿀 수 있는 노년의 삶이 있다. 그런데 이 일은 개인이나 시설 하나가 할 수 있는 일은 아니다.

윤장래 선생님은 질의응답 시간에 메모한 것을 소개했다.

> 일상성의 행복. 평상시 충분한 산책을 통해서 배회를 방지한다. 폭력성을 끌어낼 것인지? 잠재시킬 것인지? 치매 환자를 시설에 가두는 것이 아니라 일상세계로 끌어내는 것. 벚꽃 구경 가는 기대에 설렘을 가지고 계절을 기다리는 소소한 행복.

이 자료집에는 엄마를 위해 실현하고 싶은 정책이 실려 있었다.

지역밀착형 노인생활시설인 주간보호센터, 즉 데이케어센터의 자유로운 이용에 관한 내용이었다. 데이케어센터를 이용하면서 숙박을 원하면 그곳에 마련된 방에서 주무실 수도 있고, 거처를 옮겨 시설에 들어와 살다가도 살던 집에 다시 자유롭게 갈 수 있는 유연성 있는 정책이었다. 이렇게 임기응변이 가능하고 유연함이 적용되는 방식이 바로 노인 돌봄의 핵심이 아닐까?

나는 자료집을 요약하며 생각했다. 이렇게 좋은 돌봄을 우리 집에서 엄마에게 해드리면 좋겠다고. 그러면서 생각의 가지를 점점 펼쳤고, 그러다가 첫 번째 질문에 다다랐다.

'당사자의 의사와는 무관하게 모든 것이 결정되고 마치 사회에서 격리되듯 시설로 사라지는 일련의 과정'이 되지 않도록 할 수 있어야 한다는 유경 사회복지사의 말이 가슴에 콕 박혔다. 나는 가능한 한 엄마가 자신의 일상성을 찾도록 도와야 하는데 참을성을 가지고 기다릴 수 있을까? 무엇이든 엄마 스스로 결정하고 실행해야 하는데 그 결과를 지지할 수 있을까?

엄마는 아침이면 세수를 하고 옷을 입고, 복지관에 걸어가서 아침 식사를 하고 짧은 아파트 내를 도보로 걸어온다. 점심에는 나와 함께 식사를 하고 저녁은 차려진 음식을 혼자 먹고 치운다. 병원에 가거나 외출할 때는 나와 동행하고, 그밖에 자주 들르는 복지관 내 생활용품 가게는 혼자 쇼핑을 한다. 그러다가 어느 날엔가 그 일상도 쉽지 않아지면, 어떻게 할까? 그럴 땐 데이케어센터에서 내가 없는 하루 반나절을 보낼 수 있을 것이다. 그런데 집 앞까지 차가 와주는 데이케어센터 이용도 힘들 때가 오면 어떨까? 그때가 되면 엄마의 뜻과는 무관하게 우리 집으로 모셔 올 것이다. 내가 일하러 갈 때에는 요양보호사의 손을 빌리고 나머지 시간은 오롯이 나의 노동력으로 모셔야 할 것이다.

지난 토요일 막내조카가 할머니 집에 다녀갔다. 주말이면 큰조카와 막내조카가 겹치지 않게 오도록 말해 두었지만, 말하면 무엇 하나. 일상은 변수가 많은 법. 일요일은 엄마 혼자 삼시 세끼를 홀로 드셔야 했다. 두 아이가 토요일 방문했던 것이다. 막내조카는 대학생인 자기가 알아서 할 거니까 걱정말라는데 누굴 걱정하지 말라는 건지 모르겠다. 전혀 나이 든 입장에 대해서 짐작이 가지 않는 젊음이 때로는 무섭다. 고모를 위해서 미리 시간과 날짜를 알려주면 좋지 않겠는가 물었더니. 자신이 알아서 하겠다는 반복적인 대답이 돌아왔다.

이래서야 엄마를 우리 집에 모시고 와서 돌볼 때 잠시 쉬고 싶어지거나 내가 아플 때는 가족의 돌봄 같은 건 생각도 할 수 없겠다는 생각이 들었다.

돌봄의 주체인 나를 배려하지 않고서 '알아서 하는 돌봄'이 가능할까? 가족돌봄 주체인 사람을 중심으로 생각하는 것이 아니라 각자의 시간에 맞추어 돌봄을 하겠다는 가족 구성원이 있다면 그때는 어떻게 해야 할까? 할머니를 뵙겠다고, 혹은 엄마를 뵙겠다고 오는 것이지 나 대신 엄마의 돌봄, 할머니의 돌봄을 하러 오지 않을 때는 어떻게 해야 할까, 찾아온 형제나 자식과 좁은 집에서 함께 있는 게 불편할 때는 어떻게 해야 할까?

나는 부모돌봄을 하는 가정에 정책적으로 '힐링케어'를 할 수 있도록 호텔이나 민박 시설 사용권을 하루 이틀 제공해 주길 제안한다. 나 대신 가족이 내 집에서 부모돌봄을 할 기회를 편히 주고자, 나는 내 집을 잠시 나가 있고 싶다. 떨어져 있는 시간이 있어야 사랑도 꽃피우지 않겠는가. 고된 노동과 경제적인 고립에서 벗어나 자신을 성찰하고 자신의 내면도 건강해질 때 좋은 돌봄도 나오고 가족과 다투지 않는, 사이좋은 돌봄이 나오지 않을까?

'왜 같이 안 사세요?'와 같은 좋은 질문에 답할 수 있도록 지역과 국가가 유연한 돌봄 체계를 재구성해야 하며, 그래야 가족이 무너지지 않을 것이다.

돌봄의 매뉴얼화와
'돌봄의친구' 제도

 복지센터 송년 행사에서 표창장을 받았다. 요양보호사로서 맡은 바 업무에 충실하고 모범이 되었기에 표창장을 준다고 쓰여 있었다. 재가방문을 하며 4년간 돌본 뮤즈가 장기요양 등급 2급에서 3급이 되었으므로 나의 자랑이기도 했다.

 잘 돌보면 건강해진다는 체험을 하는 게 무엇보다 중요하다. 언젠가는 잘 돌봐도 건강해지지 않고 유지만 되어도 감사할 시기가 온다. 아니 점점 쇠약해져서 더 이상 사람의 힘으로 어쩔 수가 없을 때 담담해지려면 '잘 돌보았을 때 건강해졌던 경험'을 불러와 마음이 흔들리지 않게 다잡아야 한다.

 이런 질문을 받았다.

 "오래 간병한 친구들 보면, 이제 본인들이 아프던데 몸은 안 아프세요?"

 "허리에 신경 차단술 주사를 맞고 있어요. 진통제는 상시 복용하지요. 근데 직업병은 어디에나 있으니까 상관 안 해요. 번역할 때도 무리해서 마감 맞추다 보면 허리부터 아팠거든요. 늙어가면서 퇴화하는 것이라 여기며 체념하고 살아요. 통증을 잘 달래고자 애를 쓰지요. 예를 들면 장바구니를 바퀴가 달린 것으로 교체했어요. 걸레는 세탁기로 빨아요. 청소도 일주일에 한 번으로 몰아서 해요. 설거지를 할 때 둥근 의자 위에 한쪽 무릎을 올려놓고 하면 허리 통증을 막을 수 있어요. 음식의 준비 순서를 생략할 수 있도록 오뎅국물을 사서 국수만 삶거나 다듬은 쪽파와 깐 마늘을 사요. 그리고 또 있어요. 카레 한 번 하면 절반은 냉동실에 두고 쓰기. 닭도 반 마리씩 닭곰탕으로 쓰고 나머지 반 마리는 냉동실에 넣어 두었다가 장 볼 시간이 없으면 꺼내 먹어요. 김치볶음밥은 찬밥으로 한꺼번에 많이 해서 얼려두었다가 쪄서 먹으면 부엌에 서서 일하는 시간이 줄어들어요. 살기 위한 투쟁이라고 할까요?"

내가 대답했다.

조현병 아버지를 돌보던 『돌보는 사람들』(정은문고)의 저자 샘 밀스는 돌봄 의무가 마무리되자 극심한 탈진 상태가 찾아왔으며 몸을 실컷 함부로 굴리다가 어느 순간 몸의 에너지가 바닥나 버렸다고 고백하고 있다. 돌봄은 우울해지기 쉽다. 살바도르 달리 전시회에 가서 이상한 점수판을 보고 인상 깊었던 기억이 난다. 예술가들의 기법, 영감, 색조, 데생, 천재성, 구성, 독창성, 신비감, 진실성 등에 직접 점수를 매겼기 때문이다. 그때 돌보는 사람들의 몸의 신호를 매뉴얼화 해 보면 어떨까 하는 생각이 들었다.

 가족에게도 쉽게 표준화된 이상 신호를 알려 쉴 틈을 줄 수 있고, 사회적으로도 인정받고 병가를 내듯 쉴 수 있도록 하는 것이다.
 10점 중 9점 이상일 때는 일주일 휴식 사용 권한을 요청함은 물론 강제적으로도 쉽게 해야 하고, 7점일 때는 병가를 내듯 쉴 수 있는 자기돌봄을 선포하여 번아웃을 사전에 방지하는 것이다.
 어떤 사람은 일이 힘든 게 아니라 혼자 해서 힘들다고 한다. 사회와 단절되었다고 느낄 때 느끼는 불안, 좌절과 같은 소모적인 감정에서 질 높은 돌봄을 기대하기는 어렵다.
 부모돌봄에 들어간 자식들에게는 단계별 돌봄을 안내받아 비용 절감과 정서적인 지지를 해주는 네트워크인 '돌봄의친구' 제도가 필요하다. 침대에서 떨어져 고관절을 다치는 경우가 많은데, 안전봉을 비롯해 시기별로 필요한 실내 안전장치를 안내하면 좋겠다.
 또한 일선에서 활약하고 있는 요양보호사의 적극적인 피드백을 수용하여 반영할 필요도 있다.
 엄마가 침대에서 떨어졌을 때 침대 안전봉을 설치하러 온 분이 필요하다고 권한 화장실 미끄럼방지 매트는 결국 창고행이었다. 청소 관리도 용이하지 않기 때문이었다. 미끄럼방지 덧신은 너무 조여서 발이 붓는 노인은 신을 수 없었다. 양말도 발목이 느슨하여 신고 벗기 편하고 혈액순환이 잘 되어야 한다.

돌봄의친구 제도를 통해 돌보는 사람의 기본자세도 매뉴얼화 해야 한다.

돌보고자 하는 의욕만 넘치고 배경지식이 부족하면 노화를 오해할 수 있다. 개별화된 돌봄의 사례집을 만들어 치매 관련 응대나 어디서부터 어디까지 돕고, 잔존 능력을 강화해야 하는지에 대한 의식도 갖추도록 안내해야 한다.

이것은 돌봄을 받는 쪽에도 필요하다. 조금이라도 몸이 건강할 때 보청기 착용은 물론 지팡이 짚는 연습을 해두어야 한다. 익숙해지지 않으면 지팡이 대신 가족의 손, 누군가에게 의지하게 되는 것이다. 또한 기저귀 착용이나 요실금 팬티 착용을 하고서도 외부 산책을 나갈 용기도 필요하다. 부끄럽다고, 불편하다고 자꾸 집에만 있게 되면 근력이 점점 떨어지기 때문이다.

삶을, 시간을,
붙잡는 마음

대화 도중에 이런 고백을 했다.

"저는 단체로 사람을 만나는 걸 별로 좋아하지 않아요. 외식도 거의 하지 않지요. 개별적인 만남은 좋아해요."

"그럼 강연은 어떻게 하세요?"

"그건 사명감에서예요. 대전에 계신 어르신이나 지리산에 계신 어르신 모두 좋은 돌봄을 받아야 하니까요."

그렇다. 돌봄의 평준화를 꿈꾸며 부르는 곳이 있으면 언제든지 달려갈 준비를 하고 있다.

3시간을 같은 눈빛으로 경청한 분들을 기억한다. '돌보는 마음'에 대해 이야기하는 동안 나는 자신이 어디를 향해 가고 있는지 확실한 방향을 잡은 기분이 들었다. 나는 강의 맺음말을 이렇게 말했다.

"자긍심을 가지고 가족 내 돌봄에서나 이웃의 돌봄에서 자신을 보호하면서 타인을 돌보는 좋은 돌봄으로 가길 바랍니다. 쟁취해야 할 권리가 있다면 쟁취하고, 돌봄 요구가 개인에게 정서적으로나 건강에 부담이 될 경우 잘 거절할 수 있어야 합니다. 같이 있겠습니다. 응원합니다."

대부분 눈물을 글썽였다.

2022년 노벨 문학상 수상 작가인 아니 에르노는 『여자아이 기억』(레모출판사)에서 '나에게 중요한 것은 단 하나밖에 없다. 삶을, 시간을 붙잡고 이해하는 것'이라고 말한다. 나의 맺음말을 들은 분들 역시 돌아가신 부모님 돌봄에 대한 회한이나 삶의 유한성에 대해 아니 에르노만큼이나 고민하고 이해해 보려고 노력한 흔적이 눈물로 표현되는 순간이었다.

저녁이 되어 각자의 가정으로 부지런히 돌아가는 분들 뒷모습을 보면서 문득 다들 건강하셨으면 좋겠다는 생각이 들었다. 자기돌봄이 우선 되어야 좋은 돌봄, 창조적인 돌봄, 인문학적인 돌봄이 나오는 것이다. 그 뒷모습에 대고 나지막이 이렇게 외쳤다.

돌봄은 감정 소모가 크기 때문에 꼭 자기만의 시간을 가져야 해요. 모두 아프지 마세요.

영 케어러를 위한
제언

    광화문 3번 출구로 나와서 마을버스 9번을 타고 통인시장을 지나 박노수 미술관에서 내리면 옥인3길 5-1, 1층에 피스북스가 있다.

    책방 피스북스 중앙은 돌봄 관련 책을 중심으로 꾸며져 있었다. 나는 『아빠의 아빠가 됐다』(이매진)의 저자 조기현의 신간 『새파란 돌봄』(이매진)을 구매했다.

    그는 책을 낸 소감을 이렇게 밝혔다.

책은 곧바로 다양한 만남으로 이어졌다. 이메일, 사회관계망 서비스, 강연장에서 돌봄 경험을 나누는 이들을 만날 수 있었다. 지난 2년 동안 내가 만나려던 청년 세대뿐 아니라 청소년, 중장년, 노년까지 여러 세대하고 이야기를 나눴다. 그중 청소년기와 청년기의 가족돌봄 경험에 집중해서 『새파란 돌봄』을 썼다

    사실 이 책을 고르게 된 배경에는 대화 도중 정명이가 자신은 '돌

볼 사람이 많네요'라고 말한 것에서 시작되었다.

돌볼 사람이 많아진 젊은이들은 앞으로 어떻게 하지?

아이가 무심코 한 말에서 나는 쉽게 벗어날 수가 없었다. 아이가 지금처럼 기꺼이 돌봄을 해야 한다고 생각하며 어른이 되게 하고 싶었다. 그렇다면 어떤 제도가 필요하며, 어떻게 연대가 이루어져야 기꺼운 돌봄이 가능해질 것인가. 그 질문에 답을 구하던 차에 『새파란 돌봄』이 눈에 들어왔다.

'돌봄이 길이 되려면' 꼭지를 펼치니 낯선 단어가 보였다. '영 케어러', 즉 젊은 돌봄인이라는 말이었다. 일본의 경우, 전국 중고등학생 영 케어러 실태 조사에서 '돌보는 가족이 있다'고 답한 비율이 중학생은 17명당 1명, 고등학생은 24명당 1명으로 집계되었다고 나온 부분을 읽다가 영 케어러는 하루 평균 4시간 넘게 가사 노동을 한다는 대목에서 숨이 멎었다.

만일 정명이가 그런 상황에 놓인다고 가정을 하자 미래의 돌봄 계획을 서두르지 않으면 안 되겠다는 생각이 들었다. 지금도 주말이면 할머니의 심부름을 하면서 어른을 돕고 있는데 그 이상을 아이가 떠맡는 사회 시스템이어서는 안 된다.

자신의 전부를 걸고 자식을 키운 세대와 자신의 삶도 중요하다고 교육받은 세대와 오직 자신만이 중요하다고 여기는 세대의 조합이 오늘날 총천연색 돌봄으로 나타나고 있다. 엄마는 '요양원'에는 절대로 안 가겠다는 세대다. 자신의 전부를 걸었으니 그 요구가 타당하다는 것에는 반론의 여지가 없다. 그리고 나와 같은 세대는 자신의 전부를 걸었으나 무소속이나 다름없기에 늙어서도 스스로를 돌보는 수밖에 없다. 그리고 이미 자식에 대한 돌봄을 기대하고 있지 않다. 그렇다고는 해도 결국 혼자 일상생활을 할 수 없을 때가 올 것이다. 그날을 대비해서 서너 가지 대비책을 가지고 있어야 한다.

1. 우선 돌봄 받는 사람의 자세가 독립적이어야 한다.
2. 또한 평소에 사전연명의료의향서 등록증을 소지하고 다니자.
3. 그리고 생의 마지막까지 집에서 일상성을 유지할 수 있도록 자기돌봄에 철저해야 한다.
4. 돌봄에 대한 가족지원 매뉴얼도 확립해 놓을 필요가 있다.

일상성 유지의 경우, 규칙적인 식사와 운동이 관건이다. 취사가 어려운 경우에는 돌봄 도시락 지원을 구체적으로 논의하는 것도 좋다. 두 끼는 도시락, 혹은 한 끼는 급식소 연결, 한 끼는 가볍게 먹을 수 있는 고구마, 감자, 단호박, 과일 등 정도면 좋을 듯하다.

가족지원 매뉴얼의 경우, 적어도 2주에 한 번 가족이 방문하여 정기적으로 목욕을 돕도록 해야 한다. 불가능할 때에는 요양보호사에게 치위생 및 세신을 부탁해야 한다. 물론 스스로 가능하다면 혼자서 씻는 게 당연하며 눈이 어두워서 손발톱에 상처를 낼 수 있으니 손발톱 정리도 신경 써야 한다. 이 밖에도 가능하면 구체적으로 꼼

꼼꼼하게 매뉴얼로 정리해 두면 좋을 것 같다.

이런 정도의 기준이 있다면 정명이가 혹시라도 영 케어러가 된다고 해도 사회생활을 하다 2주에 한 번 와서 전체적인 위생과 식생활을 확인하고 결핍된 것을 요양보호사 선생님과 센터와 상의할 수 있지 않을까. 나머지 혼자 있는 시간은 영상으로라도 돌봄의 연장선에서 통화할 수 있도록 하는데 이 부분도 장기요양보험에서 CCTV 지원도 함께해서 가족돌봄의 영향력을 넓힐 수 있으면 좋겠다.

모든 돌봄 영역을 사회나 요양보호사에게만 맡길 수 없듯이 가족에게만 맡길 수도 없다. 현실에 적합한 돌봄 지원을 찾아내는 길은 정명이의 행복으로도 연결되어 있다.

돌봄으로 갇힌 젊음은 상상만 해도 우울하다.

돌봄으로 자긍심을 갖고, 잘 돌보면 건강하게 살 수 있다는 믿음을 위해서라도 돌봄에 대한 논의는 계속되어야 한다.

죽은 자리엔
새 삶이 돋고

 S선배의 부친상이었다. 장례식 이후 며칠이 지나자 촬영감독 H에게서 전화가 왔다. 그는 얼마 전에 부친상을 당한 선배의 아들이었고, 조문을 마치고 일어설 때까지 내 곁에서 말벗이 되어 주었다. 우리는 영화 이야기를 했다. 고레에다 히로카즈의 〈환상의 빛〉을 좋아한다고 해서 영화 원작자가 있다는 사실과 국내에 소개된 미야모토 테루의 단편들을 알려 주었다.

 H의 아빠, 엄마이기도 한 선배 부부는 같은 서클이었기에 38년 전 기억을 공유한다. H는 그날 내 곁에서 아빠의 중학교 시절 추억을 처음 들었다고 했다. 옛이야기를 청해 듣는 것은 내가 가장 좋아하는 일이다. 그날도 선배의 잊혔던 기억을 불러낼 수 있어서 좋았다. 서클 선배들은 이제 중년을 넘겨 노년으로 가고 있는 중이었다.

 어르신은 위가 불편해서 찾아간 병원에서 위암 말기 진단을 받았고, 그 진단을 받은 지 5일 만에 돌아가셨다고 한다.

S선배는 아버지를 잃었다. 아버지를 잃은 S선배와 Y선배는 부부였는데 서먹서먹한 사이가 된 채였다. 수억 광년을 함께 서클 활동을 하며 부부의 연을 맺었는데 그들에게도 갱년기가 찾아왔고, 빈둥지증후군이 다녀갔으며 허무와 불면의 밤이 부부를 뾰족한 세월의 가시로 상처를 냈었다. 그런 어느 날. 서로의 상실과 상처를 외면한 채 피하고 살다가 장례식장에서 마주하게 된 것이다. 두 분 모두 용기가 필요했겠지만, 선배들 사이에 낀 아들 둘도 편하지는 않았을 것이다.

집으로 돌아온 나는 청년 H에게 전하고 싶은 것이 많았다. 그에게서 성실한 답이 왔다.

좋은 책과 글, 영화 감사합니다. 자다가 일어나서 정신은 없지만 그래도 마음속이 훈훈해지네요! 엄마, 아빠 그리고 할머니께는 제가 더 열심히 해야죠. 아빠의 오렌지색 남방 이야기는 보통 저희한테 해주는 이야기에선 들을 수 없는 질감을 가지고 있어서 신기하고 재미있네요.

내가 대답했다.

아버지도 너처럼 꿈이 있었을 거야. 그런데 가족들과 살다 보니 잊었을 거고. 박완서의 소설은 실향민들을 주인공으로 쓰고 있는데 아버지의 아버지 세대는 서울에서 이방인으로 살았으니까 참 고된 삶을 사셨을 테고… 예쁘고 아름다운 것, 훌륭하고 성스러운 세계를 꿈꾸지만 하루하루 살다 보면 어느 사이 아버지, 어머니가 되어 있으니까. 자신의 본질에 가까운 서사를 가족들과 나눌 여유가 점점 없어지는 것이겠지.

H가 한참 후에 답을 줬다.

이번 일을 계기로 엄마나 아빠에 대해서 많은 생각을 하게 됐는데 말씀하신 지점들은 알고는 있어도 되새겨 본 적은 없는 것 같아서 새롭네요 감사합니다! 앞으로 더 많이 사랑해야죠.

나는 좀 더 용기를 내어 간섭하기로 했다.

수많은 예술작품은 가족 이야기부터 시작하니까 아빠에 대해서 알고 싶으면 인터뷰 요청을 하면 기꺼이 알려주실 거야. 너를 통해서 아빠, 엄마가 전보다 끈끈한 유대를 가지리라 믿는다. 부모는 자식 말은 잘 들어주니까.

그러자 H에게서 통화를 하고 싶다는 문자가 왔다. 그리고 통화 마지막에 그는 울었다.

부모님 사이에서 혼란한 시기를 통과해 본 사람이라면 알 것이다. 아빠 쪽에 가 있으면 엄마가 걱정되고, 엄마 쪽에 가 있으면 아빠 쪽이 걱정되는 소모적인 감정들. 자신의 부모에 대해서, 특히 아버지의 서사를 전혀 모른다는 자각과 함께 터져 나오는 그리운 감정이 울음으로 대체되었다고 생각한다. 그리고 그 눈물의 소중함을 생각한다. 사람의 감정은 표현하지 않으면 알기 힘드니까.

장례식장에서 S선배는 동생이 해준 말을 나에게 해주었다.

"내 동생도 영화를 좋아하거든. 안성기 주연의 〈축제〉라는 영화가 있다는 거야. 장례식을 배경으로 하는데 중간에 아기도 태어난대…. 마지막에 가족사진을 찍는데 돌아가신 분은 없고, 대신 태어난 아기가 있어서 가족 인원에는 변함이 없었다는 거야."

남편인 Y선배는 들었을까? 이 은유와 상징을…. S선배는 화해의 메시지를 전하고 있는 것이다.

삶과 죽음은 신비하다. 부모는 죽어서까지 자식을 돌보는 게 아닐까. S선배 아버님의 죽음으로부터 가족의 탄생을, 가족의 재결합 움직임을 보면서 나는 숙연해졌다.

돌봄 경쟁력 북돋우기

 노부토모 나오코의 『치매니까 잘 부탁합니다』(시공사)에서 치매와 관련하여 "간병이 앞으로 몇 년이나 지속될지 알 수 없으니 타인이 도울 수 있는 건 전문가에게 맡길 각오를 하라"라는 전문의의 조언이 나온다.

 대단하다고 생각했다. 돌봄을 맡길 각오라는 말은 처음 들어보았기 때문이다. 자신이 먼저 지쳐서 부모님을 원망하게 되면 그때는 어떻게 할까. 저자의 말대로 엄마의 간병을 전부 떠맡았다면 정신적으로도 육체적으로도 궁지에 내몰려 엄마를 증오하게 될지도 모른다. 돌봄 2년 차, 5년 차, 10년 차, 10년 차 그 이후까지 변함없는 온도, 일정한 온도로 돌보려면 지치지 않아야 한다. 변하지 않는 돌봄의 온도를 유지해야 한다.

 그렇게 하려면 가족의 인원수만큼의 애정을 불러 모아야 한다. 그때그때 필요로 하는 것들을 가족 단톡방에서 공유하고 물품 등을 지원해야 하고, 정서적 지지, 경제적 지지를 병행하는 게 맞다.

형편에 맞아서 하는 돌봄이란 없다. 돌봐야 하기 때문에 돌보는 것이다. 돌봄을 위해 자신의 시간을 조절하고, 생활비에서 돌봄에 드는 예산을 세워 지출하는 것에 책임감을 가져야 한다. 그런 심리적인 부담을 가족 안에서 골고루 나누어 가진다면 미혼인 자식이나 부모님을 모시는 자식에게만 치우치는 돌봄이 조금은 공평성을 찾게 되지 않을까.

돌봄은 경쟁력이라고 믿어야 한다. 돈을 많이 버는 것이 능력인 사회가 아니라 자신의 부모님을 잘 돌보는 것이 능력인 사회가 되도록 만들어야 한다. 그것은 자식을 좋은 대학에 보내고 좋은 곳에 취직시키려는 부모가 가진 경쟁력과 동등해야 한다.

물론 경제력에 따라 돌보는 내용이 달라질 수는 있어도 서로의 돌봄에 깊이 관여하다 보면 시간이 없는 형제에게 시간을 내어줄 수도 있고, 돈이 필요한 형제에게 돈을 내어줄 수도 있는 돌봄도 경쟁력을 가져야 한다. 형제 중에서 전문적인 케어가 들어갈 때는 정당한 대가를 지불해야 하는 것이 맞고, 정서적인 지지를 하는 것이 우선시 되어야 한다.

어린이들은 어떤가. 돌봄을 경쟁적으로 해야 하는 게 아닐까. 아이들이 조금씩 돌봄의 영역에 들어와 준다면, 학교 교과 중에 돌봄 과목이 있어서 주 2회 할머니, 할아버지와 영상통화를 하든, 직접 찾아뵙고 말벗을 하든, 식재료를 사 오는 심부름을 해주는 등의 과

제가 실제 과목에 있다면 어떨까.

할아버지, 할머니가 없는 친구들은 독거 어르신을 정기적으로 찾아뵙고 도시락을 가져다 드리거나 말벗을 한다면 고립되는 노인을 사전에 발견하여 보호할 수 있지 않을까?

미안한
돌봄

 엄마가 씻겨달라고 몸을 맡기는 일은 좀처럼 없다. 때를 미는 목욕을 고집하고, 샤워는 남의 손을 빌릴 필요를 못 느끼는 것 같았다. 겨울은 난방을 해도 욕실 안이 춥다. 물을 아끼는 엄마에게 따뜻한 물을 틀어놓고 한다는 건 생각도 못 할 일이다.

 엄마에게 딸기를 사 갔다.

 아침부터 붉고 상큼한 딸기로 기분을 달달하게 해놓고 보청기를 끼지 않은 귀에 가까이 가서 물었다.

 "엄마 목욕할까?"

 돌아오는 대답은 "아니."

 두 번 더 물어보면 화내니까. 인제 그만.

 3시간 동안 아래층으로 가서 재가방문 돌봄을 하고 올라왔다. 손에는 감자전이 들려 있었다. 아래층 어르신 점심으로 감자전을 부쳐드렸는데, 어머니 가져다드리라며 나누어준 감자전이 오늘 엄마의 요기가 될 것이다.

감자전에 맛간장을 조금 찍어 입에 넣은 엄마는 〈센과 치히로의 행방불명〉에 나오는 유바바와 같다. 이가 없는 입으로 우물우물 맛있게 잘 드신다.

음식물 쓰레기도 버리고, 설거지도 하고, 저녁에 드실 밥도 지어놓고, 보온병에 담아온 아욱된장국도 있으니 나는 앞치마를 풀고 있었다. 그때였다.

엄마가 부엌으로 나오며 "목욕할까?" 나에게 물었다.

때를 놓치면 곤란하니 일단 나도 같이 옷을 벗었다.

엄마의 맹꽁이 같은 배에 가는 다리를 보니 형언할 수 없는 마음이 된다. 근육이 다 빠져버린 살가죽만 남은 부모의 몸과 만나는 일은 용기가 필요하다.

엄마는 목욕의자에 앉아 자신의 몸에 알맞은 온도가 될 때까지 물을 조절하고 있다.

"엄마, 샴푸는 두 번 할 거야."

"그래."

엄마의 가늘어진 머리카락은 금세 물에 젖어 두피가 훤히 보인다.

"박박 감겨야지."

나는 엄마가 원하는 강도로 박박 감긴다.

때수건으로 비누칠을 잔뜩 한 등에 물을 뿌리며 벅벅 닦아드린다.

"아, 시원하다. 이다음부터는 내가 할 거야."

나는 곁에서 엄마가 발바닥을 돌로 문지르거나 발가락 사이사이를 닦는 것을 본다.

느리지만 아주 공들여 닦는다.

엄마의 등 뒤에서 수건으로 엄마의 젖은 머리를 닦고, 등을 닦는다.

"나가서 닦을 거야."

"나가면 추워. 물기를 닦고 나가야지."

엄마가 안방에 앉아 있는 동안 드라이기를 가져와 젖은 머리를 말린다. 개운해진 엄마는 이제 잠을 청하려는 듯 천천히 침대 위에 가 앉는다.

나는 안방 문을 닫아드리고 나온다.

집으로 돌아오면서 목욕 후에 물 한 잔을 따라드릴걸. 돌봄은 매 순간 미안한 돌봄이고 미완의 돌봄이 된다. 그래서 내일이 또 필요한지도 모른다.

이런 돌봄 동반자가 있었으면 좋겠다

나는 돌봄인의 보호자에게 이렇게 구체적으로 물어보고 있다.

무엇을 사갈까요? 식사를 사 갈 건데 요즘 뭘 좋아하세요? 연어가 좋을까요? 과일은 무슨 과일이 있으세요? 없는 것으로 사 갈게요. 조금씩 다양한 게 좋으세요? 오래 저장해 두고 먹을 수 있는 과일이 좋으세요? 외출을 하고 싶은데 요즘 건강 상태는 어떠세요? 한 시간 거리의 바다 근처 식당을 왕복할 정도로 건강은 괜찮을까요? 최근에 설사하신 적은 있나요? 여벌 옷을 챙겨주겠어요? 물은 있어요?

나에게도 이렇게 친절하고 세심한 돌봄 동반자가 있었으면 좋겠다. 그리고 한 사람 생긴 것 같다. 남동생에게서 마트에서 찍은 사진과 함께 카톡이 왔다.

내일 소고깃국 끓여드릴 국거리용 한우 샀어. 두부도 부쳐드려야지.

남동생은 소통하기 시작했다. 엄마에게 드릴 음식이 겹치지 않도록 하자는 내 의견을 받아들여 문자를 남긴 것이었다.

CBS 유튜브 채널
씨리얼과의 인터뷰

안녕하세요? 간단히 소개 부탁드립니다.

안녕하세요. 『나는 신들의 요양보호사입니다』를 쓴 요양보호사 이은주입니다.

어떤 계기로 요양보호사 일을 하게 되었나요?

어느 날 돌아가신 할머니가 보고 싶어졌어요. 할머니의 죽음을 충분히 슬퍼하지 못 한 거예요. 할머니가 몹시 보고 싶었고, 생전에 자주 찾아뵙지 못한 것이 후회가 되었어요. 시간을 돌이킬 수 있다면 더 다정한 손녀딸이 되고 싶었지요. 우울한 날엔 할머니를 따라 죽고 싶었어요. 그래서 할머니가 많은 곳에 가게 되었습니다. 그곳은 데이케어센터로 사춘기 소년이 된 막내조카가 다니는 피아노 교실 앞에 있었어요. 레슨이 끝나기를 기다리다가 무심코 데이케어센터에 갔다가 목욕봉사를 하며 시작하게 되었어요. 돌아가신 할머니가 그립고 그리워서 할머니 닮은 분들 곁에 있고 싶어서 요양보호사가 되었다고 할 수도 있고, 엄마와 제가 지낼 요양원이라는 공간이 궁금하기도 했어요. 또한 손자를 돌봐야 하는 경력단절 여성으로서 뷰티풀라이프 프로그램에 참여하여 직업이 되기도 했어요.

주로 어떤 어르신들에게 서비스 제공을 했나요?
어떤 상태에 있는 분이었나요?

처음에는 아홉 분의 치매 어르신을 케어하는 층에 배정을 받았어요. 함께 마루에서 춤도 추고, 노래도 부르고, TV도 보고, 용기를 내어 두셋씩 짝을 지어 동네 산책을 나가서 요양원 앞에서 이야기하다 들어오기도 했어요. 퇴사 후 한참 뒤에 찾아뵈었을 때 "제가 누구인지 기억하세요?" 했더니 "사람" 하고 대답해서 웃었던 기억이 인상적이었어요. 그 어르신은 무연고 어르신이었는데 3교대 저녁 출근을 하면 화장실에 들렀다가 저에게 와서 살짝 인사해 주었어요. 기다렸노라고. 정이 담뿍 담긴 인사에 제 마음은 설렜어요.

어르신들의 몸은 어떤 상태인가요?
몸 상태와 함께 어떤 돌봄이 필요한지 알려주세요.

어르신들의 몸은 시시각각 변하는 몸이에요. 통증이 이곳저곳으로 옮겨 다닌다고 할까요? 날씨 영향이나 아침, 점심, 저녁 해 질 무렵 등 다양하게 반응하지요. 정서적인 지지가 얼마나 중요한가 하면 기분이 좋을 때는 간식도 맛있게 드시고 대화나 프로그램 참여도 즐거워해요. 하지만 속상하다든가 무릎이 아프다든가, 각종 질병에 노출되어 있을 때는 침대에 가만히 누워 있을 때가 많아요.

어르신들을 꾸며드린 적이 있나요?

그럼요. 가지고 다니는 손가방에서 립스틱을 꺼내서 발라보도록 드리거나 향기 좋은 로션을 발라 드리거나 목욕 후 입을 옷을 골라 드리거나 하지요. 제우스의 경우 아침마다 면도를 해 드리기도 하고, 가족 방문이 있는 날은 즐겨 입는 옷을 준비해 드려요.

위생관리는 어떻게 진행되나요?

선생님마다 다른데 저는 입술 튼 것에 신경을 많이 썼어요. 식사할 때 찢어지면 따가우니까. 그리고 눈곱도요. 눈에서도 노화가 진행돼서 자꾸 진물이 나는데 안약을 넣어드리면 훨씬 상태가 나아지는 게 보이거든요. 마지막으로 기저귀 갈 때 선배 요양보호사 선생님이 가르쳐준 팁인데 누워 있느라 눌려 있던 등을 손으로 탁탁 두드리면서 전체적으로 욕창은 없는지, 상처가 있지는 않은지 살피는 것도 중요해요. 하루 종일 침대에서 누워 있어야 하는 와상 어르신에게는 다정한 말 한마디 건네는 것도 잊지 말아야지요.

치매가 심한 어르신과 소통하는 자신만의 팁이 있다면요?

그리고 치매는 어떤 단계로 구별되나요?

인터넷에 치매에 이르는 단계에 대해서 검색해 보면 건망증, 경도 인지장애, 중증 인지장애 등 7단계로 소개되어 있는데요. 현장에서 일을 하다 보면 꼭 단계별 진행하지는 않는 것 같아요. 『케어』의 저자 아서 클라인먼은 우리의 질병 서사는 초기, 중기, 말기와 같이 절대 깔끔한 선으로 이루어지지 않고 뒤죽박죽이라고 했는데 그 말 그대로 멈추어 있기도 하고 좋아지기도 하고 나빠지기도 해요. 그럴 때마다 민감하게 반응하기보다는 가능한 자연스럽게 응대하도록 유연한 돌봄이 필요합니다. 물건을 잃어버리고 못 찾는 것에 대해 의기소침해하면 평소에 수납하던 곳을 뒤져 함께 찾아 드리거나, 누가 온 것 같아 무섭다고 하면 문단속을 하는 등 어르신의 입장에서 살피죠.

201/년 수첩에는 이런 내용도 적혀 있어요. 어르신들 묶지 않게 노력하기. 아기들은 안 묶잖아요. 가능한 한 자유롭게 해 드리려고 노력해요. 크게 손뼉을 쳐서 관심 바꾸기. 노인보다 말을 많이 하지 않기. 이런 사소한 몇 가지를 실천하는 것도 의미가 있을 것 같아요.

기저귀는 몇 번 가나요?

수시로가 원칙이라고 생각해요. 볼일을 보면 갈아드려야지요. 그러나 요양보호사 한 명이 돌봐야 하는 대상은 최소 7~8명인데 목욕과 간식 준비, 배식, 설거지, 세탁, 화장실 케어, 운동 등이 쉴 틈 없이 진행된다면 하루 몇 번 가능할지 오히려 제가 묻고 싶은 심정입니다. 요양보호사가 휴식 시간 없이 식사도 쫓기듯 해야 한다면 좋은 돌봄이 나올 수가 없지요. 그럼에도 불구하고 요양보호사 선생님들은 기저귀 케어에 진심입니다. 제 근무 기록을 보면 데이, 이브닝, 나이트 3교대 8시간 근무를 하면서 기저귀 케어가 3번에서 4번 정도였어요. 충분하지 않지요. 그 점이 항상 마음에 걸렸어요.

요양원에서 지내는 어르신들의 하루는 어떤가요?

요양원의 아침은 일찍 시작됩니다. 7시에 양치와 세수를 하고 8시쯤 아침 식사를 해요. 10시에 간식, 기저귀 케어. 12시 점심 식사를 하고요. 점심 식사 후 기저귀 케어가 있고, 목욕 준비를 합니다. 요일별로 나누어서 하기도 해요. 4시쯤 간식을 먹고 6시에 저녁을 드시고 기저귀 케어. 7시에는 TV를 보시나 거실에서 시간을 보내요. 발마사지기로 마사지를 받기도 하지요. 활동이 가능한 어르신의 경우에는 하루 종일 실내에 계셔서 가까운 카페나 마을 산책을 시켜드리면 좋을 텐데 그렇게 하지 못했어요.

어르신들과 있었던 에피소드가 궁금합니다.

가장 나를 화나게 했던 어르신과의 기억이 있다면요.

요양원이 아닌 재가방문을 위해 첫 만남을 가졌을 때였어요. 저희 집 주소를 집요하게 물어봐서 왜 그러냐고 물었더니 '일을 잘못하면 고소하려고'라는 짧은 답이 돌아왔어요. 돌보는 사람을 대하는 태도가 이건 아니다 싶었어요.

가장 본인에게 감동이나 위로를 준 어르신과의 기억은요?

배회를 했던 어르신을 하루 종일 다리가 떨어져 나가도록 쫓아다녔어요. 넘어질까 봐 위험해서지요. 잠도 몇 시간 주무시지 못하고 침대에서도 바로 일어나 배회해서 결국은 거실에 요를 깔고 함께 누웠어요. 그때 제 눈을 보며 이렇게 말씀했어요. '예뻐, 자네가 예뻐.' 자손들 이름이며 얼굴을 잊어버린 뮤즈가 잠시 저를 한 사람으로 대해주었는데 참 기뻤어요.

가장 내 마음을 안타깝게 했던 어르신과의 기억이 있다면요.

자식에게 폐가 될까 봐 서둘러 요양원에 온 경우인데 인지가 있었고, 곁에서 조금만 도와주면 일상생활이 가능한 어르신이 너무 빨리 요양원을 선택하고 매일 창밖만 바라볼 때 안타까웠어요.

요양원에서 보게 되는 보호자의 모습

외동딸이 어머니를 두고 가면서 이별할 결심이 서지 않아 하다가 엄마 몰래 살짝 돌아갈 때의 뒷모습이 슬펐어요. 이제는 말하고 싶어요. 어르신이 치매로 딸을 잊었더라도, 피치 못하게 요양원에 모셔서 죄의식이 들더라도 자신 있고 당당하게 설명하고 돌아갔으면 좋겠어요. 우리는 자신의 부모에게 아이에게 설명하듯이 잘 설명해야 해요. 그것도 한 번이 아니라 여러 번 설명해야 하고 가능하면 친절하게 말하는 연습을 해야 해요. 물론 저도 잘 안되기는 하지만요. 노력은 해야지요.

가족들이 본인을 의심하거나 클레임한 적이 있나요?
요양보호사를 개인 간병인처럼 자신의 부모만 케어해 달라고 수시로 부르며 일을 방해한 적이 있어요. 시스템 안에서 진행하고 있는 서비스를 무시하고 무리한 서비스, 과도한 돌봄을 요구하기도 해요. 사회복지사와 있을 때 태도와 요양보호사와 단둘이 있을 때의 태도가 다른 경우가 있었는데 끔찍했지요. 일은 힘들어도 어르신을 돌보면서 보람을 느끼는데 보호자가 우리를 믿지 못하면 서운하죠. 보호자가 와서 갑질할 때 요양보호사를 보호할 돌봄망이 제대로 구축되어야 해요.

가족이 없는 어르신도 있나요?
아버지 병수발로 혼기를 놓친 분이 기억나요. 저의 롤모델이기도 한데 아흔여덟까지 성경책을 읽고, 야간 이외에는 기저귀를 사용하지 않고 화장실을 이용하는 분이었어요. 제가 야근하는 날, 떡볶이며 밖에서 가져온 간식을 나누어 드리자 기다렸다가 예의를 갖추어 인사하는 뮤즈도 독신이었어요. 그분들에게는 제가 마지막 인연이라 생각하면 애틋하더라고요.

마지막으로 기억나는 일이 있다면요.

저에게 '자네가 예뻐'라고 고마운 정을 표현해 준 어르신은 간식을 들고 방에 갔더니 이미 숨을 거두셨어요. 임종을 못 보고 일터에서 달려온 아드님은 감정을 주체하지 못하고 이렇게 숨을 거두기 전에 왜 연락하지 않았느냐고 울컥하며 중얼거렸어요. 그럴 수도 있겠다 싶지만, 과연 저의 노력은 뭐가 될까. 수많은 시간을 함께 배회한 저에게 그동안 수고했다는 말이 나중에도 없었다는 것에 뭐랄까, 요양보호사가 일회용 같다고 할까요. 그러나 그날 밤 저에게 어르신이 제게 해주었던 말씀은 고이 간직하고 있어요. 어르신이 예쁘다고 여긴 마음이요.

사랑이 깊으면 미안함도 깊은 게 아닐까 싶어요. 기저귀도 자주 갈아드리고, 산책도 함께하고, 맛있는 것도 만들어 드리고 싶고, 목욕도 자주 씻겨드리고 싶죠. 마음을 더놓고 이야기할 수 있도록 눈을 마주하고 차를 마실 수 있는 시간이 너무 부족했어요. 가능하면 가족들에게 부모님의 안부도 알려드리고 싶었지요. 어린이집처럼요. 어머니, 아버지는 잘 계시니까 안심하고 일하라고요.

어느 날엔가 그 요양원에 제가 방 하나를 얻는 날이 오겠지요? 그렇다면 부탁인데 소음들로 방해를 받지 않도록 좁더라도 개인실을 만들었으면 좋겠어요. 사생활이 가능한 곳. 자존감을 잃지 않고 생활하고 자유가 있는 곳. 혼자 있고 싶을 때 혼자 있을 수 있는 곳이요.

엄마를 직접 돌보는 요양보호사의 지혜
지속가능한 가족돌봄의 회복탄력성

돌봄의 온도

초판1쇄 발행 2023년 7월 1일
초판2쇄 발행 2024년 4월 1일

지은이   이은주
펴낸이   유상원
펴낸곳   헤르츠나인(상상+모색)
디자인   이정아

등록일   2010년 11월 5일
등록번호   상상+모색 제313-2010-322호
주　소   경기도 고양시 일산동구 탄중로344 태영 601동 401호
전　화   070-7519-2939
팩　스   02-6919-2939
이메일   hertz9books@gmail.com
ISBN   979-11-86963-54-8 03810

copyright ⓒ 2023, 이은주
저자와의 협의 아래 인지를 생략합니다. 파본은 구입하신 서점이나 본사에서 교환해드립니다. 책값은 뒤표지에 있습니다. 본 책은 저작권법에 의해 보호를 받는 저작물이므로 무단 전재와 복제를 금합니다.

본 도서에는 유토이미지 (UTOIMAGE.COM)의 폰트가 사용되었습니다.

헤르츠나인은 상상+모색의 출판브랜드입니다.